올어바웃 치즈

※사진 제공

66쪽 도판 ⓒ 콩테 치즈 생산자협회
107쪽, 140~149쪽 도판 ⓒ 파르미지아노 레지아노 협회
13, 15, 18, 21, 33, 39, 84, 104, 123, 169(오른쪽), 195(왼쪽), 202, 207, 220, 221, 224, 225쪽 도판 ⓒ 예문사
(해당 페이지의 도판 총 20컷은 독자의 이해를 돕기 위해 원서와 별개로 예문사에서 추가했음을 밝혀둔다.)
표지 및 28, 59, 79, 93, 117, 131, 159, 183, 201, 220쪽 도판 ⓒ Sora Sugita
그 외 사진 ⓒ Miyuki Murase
일러스트 ⓒ Ayano Nakajima

10 SHURUI DE WAKARU SEKAI NO CHEESE
By Miyuki Murase
Copyright ⓒ 2014 by Miyuki Murase
First published in Japan in 2014 by Nikkei Publishing Inc.
Korean translation rights arranged with Nikkei Publishing Inc.
through Shinwon Agecny Co.
Korean translation rights ⓒ 2014 by YEAMOONSA Publisher Co.

이 책의 한국어판 저작권은 신원에이전시를 통하여 저작권자와 독점계약한 도서출판 예문사에 있습니다. 신 저작권법에 의해 한국 내에서 보호를 받는 저작물이므로 무단 전재와 복제를 금합니다.

10가지
대표 치즈로 알아보는
치즈의 모든 것

올어바웃
ALL ABOUT CHEESE
치즈

무라세 미유키 지음 | 구혜영 옮김

예문사

CONTENTS

저자의 말 … 8
시작하는 글 : 치즈의 7가지 기본 유형 … 11

CHAPTER 1 페코리노 로마노 PECORINO ROMANO ———— 22
· 고대 로마인의 식탁에서 군인들의 전투 식량까지
· 조미료 대신 페코리노 로마노로 감칠맛을
· 다양한 콩과 함께 즐기는 페코리노 치즈
· 양젖 치즈 vs. 산양젖 치즈
· 페코리노의 산지에서만 맛볼 수 있는 '양젖 푸딩'
· 페코리노 로마노는 '로마'에서 만들지 않는다
· 최고의 역사를 자랑하는 치즈

CHAPTER 2 로크포르 ROQUEFORT ———— 42
· 카사노바의 치즈, 프랑스의 왕들이 사랑한 치즈
· '진짜' 로크포르 치즈가 태어나는 곳
· 동굴에서 만들어지는 정통 로크포르
· 맛의 비밀은 곰팡이가 핀 커다란 빵
· 겨울에 최고의 맛을 낸다
· 로크포르의 풍미를 높이는 맛있는 궁합

CHAPTER 3 콩테 COMTÉ ———— 60
· 프랑스에서 가장 사랑받는 치즈
· 과일 향 나는 여름의 콩테, 온화하고 부드러운 겨울의 콩테
· 까다롭게, 엄격하게, 정성스럽게
· 콩테의 탄생-가열, 문지르기, 숙성
· 라벨, 색의 차이가 반드시 맛의 차이는 아니다
· 치즈 생산자가 모이는 프랑스의 경제공동체
· 최고급 콩테의 숙성실을 들여다보다
· 맛있는 콩테 구별법과 더 맛있게 먹는 궁합

CHAPTER 4 브리 드 모 BRIE DE MEAUX ——————————— 80
- 파리 동부에서 만들어지는 흰곰팡이 치즈, 브리 삼 형제
- 왕들에게 사랑받은 치즈의 왕
- 전통의 맛을 고집하는 브리 드 모의 제조법
- 브리 드 모는 카망베르의 어머니
- 다채로운 흰곰팡이 치즈
- 흰곰팡이 치즈의 추천 레시피와 와인 매칭

CHAPTER 5 모차렐라 MOZZARELLA ——————————— 94
- 마르게리타 피자와 함께 유명해진 모차렐라
- 떡 같은 모차렐라 만들기
- 물소젖으로 만드는 나폴리의 모차렐라
- 최고 품질의 물소가 자라는 하이테크 목장
- 모차렐라의 친척 치즈
- 신선함을 즐기는 프레시 치즈
- 일본에서 생산되는 모차렐라
- 생으로 즐기는 신선함
- 모차렐라를 맛있게 먹는 다양한 방법

CHAPTER 6 에멘탈 EMMENTALER ——————————— 118
- 뽕뽕 구멍 뚫린 치즈를 아시나요
- 에멘탈에는 왜 구멍이 뚫렸을까
- 스위스 치즈의 왕 에멘탈, 여왕 그뤼에르
- 치즈 퐁뒤와 다양한 요리법
- '산의 치즈'의 최고봉은 여름의 고산에서 태어난다

CHAPTER 7 파르미지아노 레지아노 PARMIGIANO REGGIANO ——————————— 134
- 파르미지아노 레지아노의 고향
- 크게, 점점 더 크게—거대한 치즈의 탄생
- 전통의 붉은 소 vs. 새로운 스타 흰 소
- 파르미지아노 레지아노는 모두 쌍둥이
- 치즈를 담보로 돈을 빌린다
- 팔방미인 파르미지아노 레지아노를 맛있게 먹는 법
- 파르미지아노 레지아노를 맛있게 보관하는 법
- 파르미지아노 레지아노는 자르지 않고 '연다'
- 그라나 파다노—파르미지아노 레지아노의 라이벌
- 전 세계 팬이 함께하는 파르미지아노 레지아노 나이트

CHAPTER 8 샤비뇰 CHAVIGNOL ——————————————— 160
- 이슬람교도가 남겨 두고 떠난 선물, 산양
- 봄에서 가을까지, 산양 치즈의 제철
- 셰브르로 시작해서 셰브르로 끝난다
- 숙성 단계에 따라 다채로운 풍미를 맛볼 수 있다
- 크로탱 드 샤비뇰-산양 치즈의 대표 주자
- 커드, 절임, 숙성-여러 요소가 품질을 결정한다
- 샐러드, 코코트, 그라탱-크로탱 드 샤비뇰을 맛있게 먹는 방법
- 와인과 치즈의 구르메 마을

CHAPTER 9 에프와스 ÉPOISSES ——————————————— 184
- 나폴레옹이 사랑한 치즈
- 전통 방식의 에프와스를 지켜 내다
- 산 넘어 산, 에프와스에 닥친 두 번째 위기
- 브랜디로 '워시' 하는 에프와스
- 수도원의 보물-워시 치즈 탄생의 비밀
- 에프와스와 부르고뉴 와인의 마리아주
- 에프와스의 풍미를 높여 주는 음식 궁합
- 베르토에서 만드는 에프와스의 친척 치즈
- 산지도, 맛도 다양한 워시 치즈

CHAPTER 10 체더 CHEDDAR ——————————————— 208
- 영국 최대의 협곡에서 태어난 치즈
- 영국의 전통 원주형 체더 vs. 미국의 대량생산 사각 체더
- 응고, 절단, 가염, 압착-체더의 독특한 식감 만드는 법
- 영국 전통의 체더를 맛보다
- 감칠맛을 자랑하는 비가열압착 치즈
- 매력 넘치는 영국 출신의 다양한 치즈

마치는 글 … 226
옮긴이의 글 … 230

저자의 말

"치즈의 매력은 무엇입니까?"

많은 분들이 이런 질문을 던집니다. 치즈의 매력은 정말 많지만, 그중에서 딱 하나를 꼽는다면 바로 '계절감'입니다. 봄에는 양젖 치즈와 산양젖 치즈가 나오고, 여름이면 프레시 타입의 치즈를 만날 수 있습니다. 이어 가을이면 풍미가 깊은 치즈를, 겨울이면 맛이 충분히 밴 농후한 치즈를 맛볼 차례입니다.

더군다나 같은 종류의 치즈라도 제철 채소처럼 그 해의 맨 처음에 나는 '맏물'과 마지막에 나는 '끝물'이 있고, 시기가 다르면 풍미 또한 변화합니다. 가령 산양젖으로 만든 치즈 셰브르를 한번 살펴볼까요? 최근에는 제조 환경이 변하면서 일 년 내내 접할 수 있게 되었지만, 본래 셰브르의 제조 시기는 산양이 젖을 내는 동안, 즉 초봄에 새끼 산양을 낳고 나서 가을에 또 새끼를 밸 때까지입니다.

셰브르는 비교적 작은 치즈로 숙성 기간도 짧기 때문에 제조하는 기간과 먹는 시기가 겹칩니다. 우선 초봄에는 셰브르의 '맏물'을 즐길 수가 있습니다. 이어 초여름부터 여름까지 산양은 푸릇푸릇한 목초를 실컷 먹고 훌륭한 품질의 젖을 냅니다. 따라서 이때 산양이 생산한 산양유로 만든 셰브르는 깊은 풍미를 자랑합니다. 확실히 이 시기가 셰브르를 즐기는 데 있어 '맛이 든 제철'이라 할 수 있습니다. 초가을이 되면 조금씩 젖량도 줄고 '끝물'의 계절이 됩니다.

반면 이탈리아에서 양젖으로 만드는 치즈인 페코리노의 경우, 양의 출산 시기가 산양과 다르기 때문에 제조하는 시기는 11월에서 다음 해 6월까지입니다.

계절뿐 아니라 산지에 의해서도 맛이 달라집니다. 대표적인 경질 치즈인 콩테는 고도가 높은 곳에서 만들어진 마운틴 치즈와 평야에서 만들어진 치즈의 맛이 다릅니다. 이것은 표고(標高)에 따라 자생하고 있는 풀의 종류가 다르고, 그 풀을 먹은 소가 내는 우유의 맛도 달라지기 때문입니다. 이 외에 치즈의 숙성 기간에 의해서도 풍미의 변화를 즐길 수 있습니다.

이처럼 치즈는 계절이나 장소에 의해 맛과 향, 깊이가 변하는 '한정품'이라는 점에서 매력적으로 다가옵니다. 아직까지 치즈라고 하면 유럽과 미국의 이미지가 강하지만, 이 계절감은 긴 세월 '제철 요리를 즐기는' 식생활을 해 온 우리에게도 익숙한 것이 아닌가요? 이러한 점이 바로 치즈가 저의 마음을 사로잡은 이유일지도 모릅니다.

이 세상에는 정말 셀 수 없이 많은 치즈가 있습니다. 모든 치즈를 책 한 권으로 묶기란 사실상 불가능한 것이어서 이 책에서는 다양한 종류의 치즈 가운데 특히 맛과 전통을 자랑하는 대표적인 치즈 10가지를 역사가 오래된 순서로 정리해 보았습니다. 각각의 특징과 역사, 전통 제조법, 더욱 맛있게 즐기는 법 등을 통해 심오한 치즈의 세계로 여러분을 안내합니다. 이 책을 읽고 나서 여러분이 치즈의 깊은 맛에 흠뻑 매료된다면 치즈를 사랑하는 사람으로서 무척 행복하겠지요.

자, 그럼 즐거운 치즈의 세계로 어서 오세요!

무라세 미유키

시작하는 글

치즈의 7가지 기본 유형

유럽, 특히 프랑스에는 '한 마을에 1가지 치즈가 있다'는 말이 있을 정도로 많은 치즈가 존재합니다. 전통적인 치즈가 있는 반면 새로운 치즈도 꾸준히 개발되고 있으며, 하나의 치즈에도 몇 개의 생산자가 있기 때문에 치즈 왕국인 프랑스에는 무려 1천 종류 이상의 치즈가 있다고 합니다.

 치즈는 크게 자연치즈 natural cheese 와 가공치즈 process cheese 로 분류할 수 있습니다. 자연치즈는 말 그대로 자연적으로 발효, 숙성시킨 치즈이고, 가공치즈는 하나 이상의 자연치즈를 가열하고 섞어서 새롭게 만든 치즈를 가리킵니다. 이 책에서 다룰 10종류의 치즈는 모두 자연치즈로, 각각의 치즈에 대해 이야기하기 전에 우선 치즈의 기본이라고 할 수 있는 자연치즈에 대해 소개하겠습니다.

자연치즈는 프랑스의 분류를 기초로 해서 프레시 치즈^{fresh cheese}, 흰곰팡이 치즈^{white cheese}, 푸른곰팡이 치즈^{blue cheese}, 셰브르 치즈^{chèvre cheese}, 워시 치즈^{washed rind cheese}, 비가열압착 치즈^{semi-hard cheese, 반경질 치즈}, 가열압착 치즈^{hard cheese, 경질 치즈}의 7가지로 나뉩니다. 그럼 각각의 치즈 타입에 대해 하나씩 살펴볼까요?

프레시 치즈 – 신선한 우유의 맛을 그대로

유산균이나 응유효소를 사용해서 우유를 푸딩 상태로 응고시킨 것을 커드^{curd}, 혹은 응유^{凝乳}라고 합니다. 프레시 치즈는 이렇게 우유를 굳힌 뒤 물만 뺀, 숙성되지 않은 치즈입니다. 따라서 수분 함유량이 많고 유통기한이 짧습니다. 유통기한 이내라도 일단 포장을 뜯었다면 빨리 먹는 것이 현명합니다. 종류에 따라서 소금을 첨가하지 않은 것이나 균 상태인 것, 생크림을 첨가한 것도 있고, 제과나 요리에 사용하는 것도 많습니다.

프레시 치즈 가운데 가장 흔히 아는 것이 바로 이탈리아의 모차렐라^{Mozzarella}입니다. 모차렐라는 대표적인 파스타 필라타^{Pasta Filata} 치즈로, 탄력이 있어 식감이 쫄깃하고 치즈 표면에 광택이 있습니다. 파스타 필라타는 우유를 응고시킨 커드에 뜨거운 물을 붓고 커드를 잡아 늘여 반죽하면서 섬유 상태로 완성하는 제조법입니다. 생모차렐라는 주로 물에 담가 판매하는데, 이때 치즈가 담긴 살균수가 하얗고 맑은 것, 치즈의 표면이 물에 불어 있지 않은 것이 맛있는 치즈입니다.

대표적인 프레시 치즈로는 5장에서 이야기할 모차렐라를 비롯해 프로마주 블랑 Fromage Blanc, 브리야 사바랭 Brillat-Savarin 등이 있습니다.

- 모차렐라(이탈리아/물소젖 치즈) → 5장
- 프로마주 블랑(프랑스/소젖 치즈) : 흰색의 크림 치즈로, 유지방이 적고 산미가 강한 것이 특징이다.
- 브리야 사바랭(프랑스/소젖 치즈) : 크림 맛이 진하고 식감이 부드럽다.

흰곰팡이 치즈 – 새하얀 옷을 입은 부드러움

치즈의 주원료인 커드에 페니실리움 칸디듐 Penicillium candidum 이라는 흰곰팡이균을 뿌리면, 이것이 숙성 과정에서 점점 자라 표면을 솜털처럼 덮게 됩니다. 프랑스어로는 'fromage a pate molle a croute

브리야 사바랭
유명한 미식가의 이름을 딴 대표적인 프레시 치즈로, 진하고 부드러운 크림 맛이 특징이다.

fleurie(속이 부드럽고 흰곰팡이로 덮인 치즈)'라고 표현합니다.

흰곰팡이균의 작용에 의해 치즈의 표면에서 안쪽을 향해 서서히 숙성이 진행되는데, 숙성이 진행될수록 중심부의 하얀 심이 크림색으로 변하면서 치즈의 조직이 연하고 부드럽게 변해 갑니다. 숙성이 덜 된 상태에서는 전체적으로 흰곰팡이가 덮여 있는 반면, 숙성이 진행되면 흰곰팡이균이 단백질을 분해해서 암모니아 냄새가 나기 시작하고, 흰곰팡이는 서서히 시들어 갈색으로 변색됩니다. 갈색 반점이 치즈의 표면 곳곳에 나기 시작하면 '아, 숙성이 진행되고 있구나' 하고 생각하면 됩니다.

대표적인 흰곰팡이 치즈로는 4장에서 살펴볼 브리 드 모 $^{Brie\ de\ Meaux}$를 비롯해 브리 드 믈랑 $^{Brie\ de\ Melun}$, 카망베르 드 노르망디 $^{Camembert\ de\ Normandie}$, 브리야 사바랭 아피네 $^{Brillat\ Savarin\ Affinee}$ 등이 있습니다.

- 브리 드 모(프랑스/무살균 소젖 치즈) → 4장
- 브리 드 믈랑(프랑스/무살균 소젖 치즈) : 브리 지방을 원산지로 하는 비가열, 비압착 치즈로, 부드러운 브리 드 모에 비해 짠맛과 신맛이 강하다.
- 카망베르 드 노르망디(프랑스/무살균 소젖 치즈) : 브리 치즈의 제조법이 노르망디에 전해져 태어난 치즈로, 브리와 마찬가지로 가열과 압착 과정이 없다. 매끄럽고 부드러운 식감을 자랑한다.
- 브리야 사바랭 아피네(프랑스/소젖 치즈) : 브리야 사바랭 치즈를 흰곰팡이균으로 숙성시킨 것으로, 시간이 지날수록 우유의 맛이 강해진다.

푸른곰팡이 치즈 – 푸른색의 대리석 무늬와 강렬한 맛

응고시키기 전의 우유 단계, 혹은 몰드(성형틀)에 넣기 전의 커드(응유) 단계에 푸른곰팡이균을 섞어서 치즈 내부에 푸른곰팡이를 번식시키는 치즈입니다. 프랑스어로는 'fromage a pate persillee(속살이 파슬리 상태인 곰팡이 치즈)'라고 합니다.

대표적인 푸른곰팡이균으로 페니실리움 로크포르티^{Penicillium roqueforti}가 있습니다. 본래 치즈를 만들 때 조직에 틈이 있으면 치즈 본연의 맛 외에 잡다한 맛이 나기 때문에 되도록 틈이 없도록 하는 것이 일반적이지만, 푸른곰팡이 치즈의 경우는 균을 안까지 잘 번식시키기 위해서 일부러 내부에 틈을 내거나 금속으로 구멍을 뚫어 숙성시키기도 합니다. 따라서 치즈의 조직이 약하고 부서지기 쉬운 상태가 되고, 또 잡다한 맛이 나는 것을 막기 위해 다른 종류의 치즈보다 짠맛이 강합니다.

대표적인 푸른곰팡이 치즈로는 2장에서 이야기할 로크포르^{Roquefort}를 비롯해 고르곤졸라^{Gorgonzola}, 푸르므 당베르^{Foume d'Ambert}, 슈롭셔 블루^{Shropshire Blue} 등이 있습니다.

고르곤졸라
프랑스의 로크포르, 영국의 블루 스틸톤과 더불어 세계 3대 푸른곰팡이 치즈로 꼽힌다. 푸른곰팡이 타입 특유의 톡 쏘는 강한 맛과 푸른색의 마블링이 특징.

- 로크포르(프랑스/양젖 치즈) → 2장
- 고르곤졸라(이탈리아/소젖 치즈) : 세계 3대 푸른곰팡이 치즈로 꼽히며, 특유의 푸른색 마블링이 특징이다.
- 푸르므 당베르(프랑스/소젖 치즈) : 독특한 원통형과 푸른색의 나뭇결무늬가 특징이며, 푸른곰팡이 치즈 중에서도 무척 부드러운 편이다.
- 슈롭셔 블루(영국/소젖 치즈) : 잇꽃의 씨를 이용하여 만든 천연 향신료인 아나토를 첨가하여 진한 노란색을 띠고 있다.

셰브르 치즈 − 이슬람이 유럽에 남긴 선물

'셰브르'는 프랑스어로 산양山羊을 의미하며, 셰브르 치즈라고 하면 산양젖으로 만든 치즈를 통칭합니다. 산양젖은 소젖에 비해 단백질이나 지방질이 적고 맛이 담백합니다. 셰브르 치즈는 숙성되면 부서지기 쉬운 탓에 크게 만들기 어렵고, 그로 인해 손바닥 사이즈로 만든 아담한 제품이 많습니다. 또한 산양젖에는 카로틴 carotene 성분이 적기 때문에 새하얀 커드가 됩니다.

 금방 만든 신선한 것부터 숙성시켜 푸른곰팡이를 입힌 것까지, 여러 숙성 단계의 치즈를 즐길 수 있다는 점이 셰브르 치즈의 특징입니다. 대표적인 셰브르 치즈로는 8장에서 살펴볼 샤비뇰 Chavignol을 비롯해 생 모르 드 투렌 Saint Maure de Touraine, 풀리니 생 피에르 Pouligny Saint Pierre, 발랑세 Valencay, 피코동 Picodon 등이 있습니다.

- 샤비뇰(프랑스) → 8장
- 생 모르 드 투렌(프랑스) : 산양젖 특유의 풍미와 촉촉한 질감을 가진 치즈로, 긴 원통 모양을 하고 있다. 치즈의 한가운데를 밀짚이 가로지르고 있는 모습이 독특하다.
- 풀리니 생 피에르(프랑스) : 작은 피라미드 모양의 외관을 갖고 있으며, 짠맛은 약한 반면 상큼한 신맛이 강하다.
- 발랑세(프랑스) : 풀리니 생 피에르처럼 작은 피라미드 형태를 하고 있으나 좀 더 높이가 낮고 윗부분이 평평하게 절단되어 있다.
- 피코동(프랑스) : 산양젖 치즈 중에서도 작은 편으로, 숙성이 잘되었을 때 강하게 쏘는 맛이 특징이다.

워시 치즈 – 끈적끈적한 표면에 남은 장인의 손길

워시 치즈는 말 그대로 숙성 과정 중에 치즈의 표면을 '씻어 낸' 것을 가리킵니다. 우유에 브레비박테리움 리넨스 Brevibacterium linens라는 박테리아를 섞어 굳히고 가염한 뒤, 표면을 소금물이나 술로 씻으면서 숙성시켜 만듭니다. 표면을 씻어 내는 과정을 통해 부드러운 껍질을 형성해 주고, 유해한 곰팡이를 제거해 줍니다. 프랑스어로는 'fromage a pate molle a croute lavee(속살이 부드럽고, 표면을 씻은 치즈)'라고 표현합니다.

씻는 횟수가 많을수록 풍미가 강해지고, 표피의 색도 진해져 오렌지색이나 빨강에 가깝게 됩니다. 또 소금물보다 와인, 맥주, 브랜디 등 술로 치즈의 표면을 씻으면 더욱 맛이 강해집니다.

대표적인 워시 치즈로는 9장에서 살펴볼 에프와스Époisses를 비롯해 랑그르Langres, 뮝스테르Munster, 라미 뒤 샹베르탱L'Ami du Chambertin 등이 있습니다.

- 에프와스(프랑스/소젖 치즈) → 9장
- 랑그르(프랑스/소젖 치즈) : 둥근 원통형에 윗면의 가운데 부분이 분화구처럼 파여 있는 특이한 모양을 하고 있다. 숙성 과정에서 소금물로 표면을 닦아 주며, 짠맛이 강하다.
- 뮝스테르(프랑스/소젖 치즈) : 소금물로 문지르며 숙성시키는 치즈로, 향이 무척이나 강한 데 비해 맛은 연하고 부드럽다.
- 라미 뒤 샹베르탱(프랑스/소젖 치즈) : '샹베르탱의 친구'라는 재미있는 이름의 치즈로, 소금물로 표면을 닦아 주며 숙성시킨다.

랑그르
소금물로 표면을 닦으며 숙성시키는 치즈로, 표면이 쪼글쪼글하고 윗부분이 살짝 파여 있는 모습이 독특하다.

비가열압착 치즈 – 시간이 만들어 낸 황금색 풍미

치즈를 만들 때 커드를 압착해서 만드는 것을 압착 치즈라 하는데, 압착 치즈는 크게 가열압착과 비가열압착의 2종류로 나눌 수 있습니다. 우유를 굳혀 만든 커드를 절단하여 휘저어 섞을 때 온도를 40도 이상 올리지 않고 제조하면 비가열압착 치즈, 그 이상으로 올려 더 단단하게 만들면 가열압착 치즈가 됩니다. 비가열압착 치즈는 가열압착 치즈에 비해 수분이 더 많이 남아 있어서 반경질 타입으로 분류합니다.

비가열압착 치즈는 비교적 짠맛이 덜하고 입에 닿는 느낌이 순하며 보들보들합니다. 잘라서 샐러드에 넣거나 슬라이스해서 샌드위치에 끼워 생으로 먹기도 하고, 가열하면 잘 녹는 성질을 이용해 그라탱이나 피자, 고기나 생선에 얹어서 굽거나 튀기는 등 요리할 때도 활약이 큰 치즈입니다.

대표적인 비가열압착 치즈에는 10장에서 다룰 체더 Cheddar를 비롯해 하우다 Gouda, 라클레트 뒤 발레 Raclette du Valais, 생넥테르 Saint Nectaire 등이 있습니다.

- 체더(영국/소젖 치즈) → 10장
- 하우다(네덜란드/소젖 치즈) : 네덜란드를 대표하는 원반 모양의 치즈로, 숙성이 진행되면서 색이 점점 갈색으로 변하고 촉감도 단단해진다.
- 라클레트 뒤 발레(스위스/소젖 치즈) : 긁어낸다는 뜻의 프랑스어 'racler'에서 비롯된 이름으로, 치즈를 반으로 갈라 불에 쬐어 녹기 시작하면 긁어 먹은 것에서 유래했다.
- 생넥테르(프랑스/소젖 치즈) : 고산지대에서 만든 치즈로, 충분히 숙성시켜야 제맛이 난다. 빵에 올리거나 여러 요리에 첨가해 먹는다.

가열압착 치즈 – 크고, 단단하고, 맛있게

앞서 말했던 비가열압착 치즈와 달리 가열압착 치즈는 커드를 잘라서 압착할 때 온도를 40도 이상 올려 제조합니다. 수분 방출을 촉진하여 조직을 더 단단하게 만드는 것으로, 장기 숙성에 맞도록 한 치즈라고 할 수 있지요. 콩테 Comté 나 보포르 Beaufort 등은 53도, 파르미지아노 레지아노 Parmigiano Reggiano 는 58도까지 올려서 만듭니다.

장기 숙성에 의해 수분 함량이 적어지기 때문에 경질 타입으로 분류되며, 알프스를 비롯한 산악지대에서 많이 만들어져 '마운틴 치즈'라고도 부릅니다.

대표적인 가열압착 치즈에는 1장에서 다룰 페코리노 로마노 Pecorino Romano, 3장에서 다룰 콩테, 6장에서 다룰 에멘탈 Emmentaler, 7장에서 다룰 파르미지아노 레지아노를 비롯해 보포르, 그뤼에르 Gruyère 등이 있습니다.

- 페코리노 로마노(이탈리아/양젖 치즈) → 1장
- 콩테(프랑스/소젖 치즈) → 3장
- 에멘탈(스위스/무살균 소젖 치즈) → 6장
- 파르미지아노 레지아노(이탈리아/소젖 치즈) → 7장
- 보포르(프랑스/소젖 치즈) : 껍질이 단단하고 노란 대형 경질 치즈로, 오래 숙성한 것이 더욱 풍미가 살아 있다.
- 그뤼에르(스위스/소젖 치즈) : 에멘탈과 비슷한 제조 과정을 거치는 대형 치즈로, 에멘탈에 비해 더 짜고 맛과 향이 강하다.

보포르 / 그뤼에르
대표적인 가열압착 치즈인 보포르(왼쪽)와 그뤼에르(오른쪽). 둘 다 경질 치즈답게 단단하고 몸집이 크며, 오래 숙성하여 짠맛이 강하다.

CHAPTER
1

페코리노 로마노
PECORINO ROMANO

- **Milk** 양젖
- **Type** 가열압착(경질) 치즈
- **District** 이탈리아 라치오 주 + 사르데냐 주 + 토스카나 주 그로세토
- **Size & Weight** 직경 25~30cm + 높이 20~35cm + 무게 20~35kg
- **Fat percent** 고형분 중의 지방 함량 36% 이상

치즈가 빠진 디저트는 눈이 하나뿐인 미녀와 같다.
- 브리야 사바랭 -

고대 로마인의 식탁에서 군인들의 전투 식량까지

이탈리아에서 가장 오래된 치즈라고 일컬어지는 페코리노 로마노 Pecorino Romano는 양젖으로 만드는 경질 치즈입니다. 원산지는 로마 근교로, 먼 옛날 고대 로마 시대부터 생산되었습니다. 전설에 따르면 로마제국의 건국 신화에 나오는 로물루스가 양을 키워서 이 치즈를 처음 만들었다고 합니다.

이탈리아어로 양의 암컷을 '페코라pecora'라고 하며, 그 젖으로 만든 치즈를 총칭하여 '페코리노Pecorino'라고 부릅니다. 페코리노 로마노의 의미는 '로마의 페코리노', 즉 치즈가 생산된 지역을 가리키는 것입니다. 이탈리아에서는 페코리노 로마노 외에도 토스카나Toscana 산양의 젖으로 만든 페코리노 토스카노Pecorino Toscano, 시칠리아Sicily 섬에서 만든 페코리노 시칠리아노Pecorino Siciliano, 사르데냐Sardegna 섬에서 생산하는 페코리노 사르도Pecorino Sardo 등 뒤에 산지의 이름이 붙은 페코리노가 여럿 존재합니다.

이탈리아에서는 특히 토스카나 주의 중부에서 남부에 걸쳐 페코리노가 많이 생산됩니다. 반면 토스카나 북쪽, 에밀리아로마냐Emilia-Romagna 주 이북 지역에서는 양보다는 주로 소를 기르고, 소젖으로 만든 치즈를 많이 만들고 있습니다. 이탈리아 북부에 소젖 치즈가 많은 것은 서늘한 기후로 인해 소를 먹일 만한 목초지대가 많고, 무엇보다 소가 더운 기후에서 잘 생활하지 못하기 때문입니다. 상대적으로 북부 지역보다 약간 건조하고 더운 남부 지역에서는 소를 방목할 목초지가 적기 때문에 소 대신 양을 기르게 되었고, 자연히 양젖 치즈의 산지가 된 것이지요.

페코리노 로마노는 고대 로마인의 생활에서 빼놓을 수 없는 식품이었습니다. 로마풍의 식생활이라고 하면 '빵을 굽고, 와인을 마시고, 치즈를 먹는 생활'이었다고 하는데요. 당시 서민들은 주택 구조상 집 안에서 불을 피워 취사를 할 수 없었기 때문에 별도의 조리 없이 그대로 맛있게 먹을 수 있는 치즈가 요긴한 식료품이었습니다. 원정길에 나선 로마 병사들에게 배급되던 식사에 이 페코리노 로마노가 빠지지 않았다는 기록도 남아 있습니다.

페코리노 로마노는 평균 30킬로그램이나 되는 커다란 원형의 장기 숙성 치즈입니다. 최저 숙성 기간은 5개월이지만, 잘라서 사용하는 경우가 많다 보니 적어도 8개월은 숙성시켜야 합니다.

여러 지방에서 만들어지는 페코리노 가운데서도 페코리노 로마노는 특히 풍미가 강한, 톡 쏘는 짠맛이 특징입니다. 그도 그럴 것이 옛날에는 냉장 설비가 없었기 때문에 소금을 듬뿍 쳐서 치즈의 보관 기간을 늘려야 했기 때문입니다.

페코리노 로마노를 만드는 과정은 이렇습니다. 먼저 양젖을 응고시킨 뒤 수분을 뺀 커드를 성형틀에 넣고, 압착기로 압력을 가해 형태를 잡아 줍니다. 굳어진 치즈를 틀에서 빼내면 다음은 소금에 절이는 장인들 차례입니다. 치즈의 겉면에 소금을 문지르는 작업인데요. 소금을 치즈 주위에 듬뿍 바르고 소량의 물을 뿌려 손으로 문질러 가는 과정을 며칠 동안 반복한 뒤 카브^{cave, 치즈 저장고}에서 숙성시킵니다. 이 소금을 문지르는 작업에 의해서 치즈의 짠맛이 매우 강해져 오래 보존할 수 있게 되는 것입니다.

지금은 옛날에 비해서 짠맛이 상당히 순해졌다고 하는데, 그렇다면 옛날에는 얼마나 강했다는 말일까요. 로마군의 식사에서는 매일 27그램 정도의 약간 큰 치즈 덩어리가 지급되었다고 합니다. 짜서 한 번에 많이는 못 먹었을 테지만, 몸을 많이 움직이는 군인들에게 염분을 보충하는 중요한 역할을 했겠지요.

더군다나 경질 치즈이기 때문에 칼슘도 많이 포함되어 있습니다. 소젖의 단백질이 숙성 과정을 거치며 아미노산으로, 지방은 지방산으로 분해되고, 또 피로 해소에 도움이 되는 비타민 B군을 비롯해 눈과 점막에 좋은 비타민 A도 함유하고 있지요. 병사들은 이 치즈를 먹고 영양소가 균형 잡힌 좋은 식사를 하면서 감기도 걸리지 않고 건강하게 지냈을 것입니다.

조미료 대신 페코리노 로마노로 감칠맛을

페코리노 로마노는 감칠맛이 많이 응축된 치즈입니다. 짠맛이 강하기 때문에, 술안주로 먹는다면 도수가 강한 위스키와 브랜디 같은 증류주나 와인, 맥주 등과 곁들이는 것을 추천합니다. 때로는 향이 강한 일본 술이나 소주와 짝이 되는 것도 좋겠지요.

단순히 짠맛이 강한 게 아니라 숙성하면서 단백질이 감칠맛 성분으로 바뀌기 때문에 조미료 대용으로도 훌륭한 맛을 냅니다. 페코리노 로마노를 가루로 만들어서 감칠맛이 듬뿍 나는 맛있는 소금처럼, 혹은 우유로 만든 조미료처럼 요리에 첨가하면 맛이 기가 막히게 좋아집니다.

특히 이탈리아 현지에서는 페코리노 로마노를 사용해서 만든 카르보나라가 유명합니다. '숯을 굽는 장인'이라는 의미를 지닌 이 파스타는 우선 달걀노른자에 가루를 낸 페코리노 로마노를 잘 섞습니다. 다음에 돼지 뱃살을 소금에 절여 만든 이탈리아식 베이컨 판체타 pancetta를 얇게 잘라서 프라이팬에 올리고, 여기에 페코리코 로마노를 섞은 노른자와 삶은 파스타를 뜨거울 때 넣고 데칩니다. 그릇에 보기 좋게 담고, 마지막 마무리로 검은 통후추를 갈아 듬뿍 뿌려 맛있게 먹으면 됩니다.

마지막으로 후춧가루를 뿌리는 것은 숯을 굽는 장인들이 이 파스타를 먹을 때 재로 인해 새까맣게 된 손을 툭툭 털면서 먹은 데서 유래했다고 하며, 그 외에도 여러 설이 있습니다. 이탈리아 북부에서는 소스에 생크림을 섞기도 하는데, 본고장 로마의 카르보나라 레시피에서는 생크림을 사용하지 않습니다. 로마산 페코리노 로마노 치즈를 넣은 것이 정통이지요.

감칠맛과 짠맛이 충분히 밴 페코리노 로마노는 아마트리치아나 파스타에도 빠질 수 없는 치즈입니다. 이 요리는 로마 근교의 마을인 아마트리체 Amatrice에서 그 이름이 붙여진 것으로, 돼지 볼살을 소금에 절여 건조 숙성시킨 이탈리아식 베이컨 구안치알레 Guanciale나 양파 등을 함께 넣고, 페코리노 로마노를 듬뿍 사용한 토마토소스 파스타입니다.

다양한 콩과 함께 즐기는 페코리노 치즈

페코리노 로마노는 일 년 내내 만들어지는 게 아니라 정해진 제조 시기가 있습니다. 흔히 치즈는 시기에 상관없이 만들 거라고 생각하겠지만, 각각의 치즈마다 만드는 적기나 제철이 있습니다. 저는 이 적기야말로 치즈의 커다란 매력이라고 생각합니다.

  암양들이 새끼를 출산하고 젖을 내는 기간은 대략 11월에서 다음 해 6월까지입니다. 이 기간에 옛날 그대로의 페코리노 로마노나 페코리노 토스카노가 생산됩니다. 제조하는 철에 숙성 기간을 더한 때가 치즈를 먹기에 적당한 시기라고 말할 수 있는데요. 페코리노 토스카노는 치즈의 크기가 제각각 다르기 때문에 1개월 정도만 숙성해서 먹는 경우도 있습니다.

  이탈리아에서는 봄이 되면 페코리노와 누에콩을 함께 먹는 문화가 있습니다. 우리가 봄이 되면 냉이나 유채나물 등 봄나물을 즐기는 것과 비슷하겠지요. 이탈리아의 누에콩은 익히지 않고 생으로도 먹을 수 있습니다. 때문에 봄이 되면 생누에콩과 제철 페코리노, 그 지방의 특산 화이트와인을 바구니에 담아 소풍을 가는 광경을 자주 볼 수 있습니다.

  저 역시 봄이 되면 이탈리아풍의 페코리노와 누에콩이 먹고 싶어집니다. 한국이나 일본산 누에콩은 데치는 편이 좋겠지요. 먹는 방법을 추천하자면, 콩깍지에서 빼낸 누에콩을 소금물에 데치고 얇은 껍질을 벗겨 취향에 맞게 소금, 엑스트라버진 올리브오일, 후춧가루로 간을 한 뒤, 슬라이스하거나 가루를 낸 페코리노 로마노와 함께 먹는 것입니다. 이때 곁들이는 음료로는 화이트와인을 강력 추천합니다.

본고장인 라치오 ^Lazio^ 주의 프라스카티 ^Frascati^ 화이트와인처럼 모두가 왁자지껄하게 마실 수 있는 가벼운 와인이 좋겠네요.

꽃구경하는 철에 누에콩이 시장에 나오면, 어김없이 페코리노 로마노와 누에콩으로 도시락을 싸서 밖으로 나갑니다. 제철 음식을 먹으며 계절감을 느끼는 즐거움도 크고, 실제로 먹어보면 이 2가지 음식의 조합이 퍽 훌륭합니다.

누에콩의 시기가 끝나면 이를 대체할 만한 추천 메뉴는 바로 완두콩입니다. 소금물에 데쳐 누에콩처럼 조미하고, 그 위에 페코리노 로마노 가루나 슬라이스를 토핑합니다. 마무리로 흰 후춧가루를 조금 뿌리면 차게 한 화이트와인과 안성맞춤입니다. 일본에서는 여름이면 완두콩과 맥주가 유행을 타지 않고 잘 팔리는데, 완두콩에 페코리노 로마노를 첨가하면 치즈의 맛있는 짠맛과 감칠맛이 더해져서 그야말로 맥주를 부르는 최고의 궁합이 됩니다.

신록의 계절에는 청대완두, 청완두, 강낭콩 등을 살짝 데쳐서 잘게 썬 페코리노 로마노를 뿌려 먹는 것도 맛있겠네요. 저는 봄에만 이 맛있는 치즈를 즐기는 것이 아깝다는 생각에, 매년 봄부터 여름까지 제철 채소를 곁들이며 각각의 풍미를 만끽하고 있습니다.

이탈리아에서는 여러 산지의 페코리노와 누에콩의 조합을 즐기고 있는데요. 가령 토스카나 주에는 1개월 정도 짧게 숙성시킨 뒤 먹는

'마르초리노Marzolino'라는 500그램 정도의 소형 페코리노 치즈가 있습니다. '마르초Marzo'란 '3월'이라는 의미로, 옛날에는 이 치즈가 3월에만 만들어졌다고 해서 이러한 이름이 붙었습니다. 토스카나 사람들은 전통적으로 촉촉한 식감의 마르초리노와 누에콩을 함께 즐겼을 테지요. 짠맛이 강하지 않고 양젖 특유의 달콤함이 느껴지는 부드러운 맛이기 때문에, 페코리노를 누에콩 크기로 큼직큼직 잘라도 상큼하게 먹을 수 있습니다.

페코리노는 생산지나 숙성 기간에 따라서 식감이나 소금 함량이 조금씩 다릅니다. 누에콩이나 완두콩과 함께 페코리노를 먹고 싶다면 우선 준비한 페코리노의 짠맛과 식감이 어떤지 확인하고, 페코리노 로마노처럼 짜고 단단한 치즈라면 가루로 내거나 슬라이스해서 곁들이는 것을 권합니다. 반면 짠맛이 적고 촉촉한 식감의 치즈라면 콩과 비슷한 크기로 적당히 잘라서 섞으면 식감이나 풍미가 콩과 조화되어 맛있게 먹을 수 있습니다. 그 외에도 병아리콩, 붉은강낭콩, 렌틸콩 등과 짝이 되면 치즈의 부드러운 맛과 잘 어울려 좋은 궁합을 이룹니다.

양젖으로 만든 치즈의 깊은 맛과 달달한 뒷맛은 콩이 갖는 부드러운 풍미와 매우 잘 어울립니다. 여기에 다양한 채소를 곁들여 페코리노와 콩을 듬뿍 넣은 샐러드를 만들어 먹어도 좋겠지요.

마르초리노
토스카나에서 생산되는 작은 페코리노 치즈인 마르초리노를 슬라이스하고 그 위에 누에콩을 얹은 모습. 보기만 해도 입안에 싱그러움이 감돈다.

양젖 치즈 vs. 산양젖 치즈

페코리노는 양젖으로 만드는 치즈입니다. 사실 양젖은 소젖에 비해서 농도가 매우 진합니다. 단백질과 지방의 분자가 크고, 우유 전체에서 차지하는 고형분(수분을 뺀 나머지 성분)의 비율도 꽤 높습니다. 또한 소젖은 10리터로 치즈 1킬로그램을 만들 수 있는 반면, 양젖은 같은 양으로 3킬로그램을 만들 수 있어서 원료에 대한 제품 생산 비율이 상당히 높은 편이지요.

그렇다면 산양의 젖은 어떨까요? 산양의 젖은 양젖과 달리 단백질과 지방의 분자가 작고 담백해서 그대로 먹어도 소화가 잘된다고 하지요. 때문에 옛날에는 농가에서 아기가 태어나면 모유의 부족한 부분을 채우려고 산양을 키웠다고 합니다. 이와 달리 양젖은 음료로 판매되는 일이 없습니다.

양과 산양은 한자로 쓰면 '산山' 자가 붙고 안 붙고의 차이지만, 우유의 성분은 무척 다릅니다. 감칠맛이 있는 양젖은 필연적으로 감칠맛 나는 치즈, 전체적으로 볼륨감 있는 맛이 나는 치즈가 되지만, 담백하고 순한 산양젖으로 만든 치즈는 매우 신선하고 가벼운 맛을 냅니다. 물론 숙성 상태에 따라서 산양젖 치즈도 깊고 복잡한 맛이 나오기도 합니다.

양젖은 그 성질상 응고력이 상당히 강하기 때문에 반경질 치즈나 경질 치즈를 만들 때 사용하는 경우가 많고, 실제로 이탈리아 중부와 남부에서 만든 전통적인 페코리노 치즈는 단단한 것이 많습니다.

여담이지만, 양과 산양이 우는 소리가 어떻게 다른지 아시나요? 일본에서는 양쪽 다 '메에-'라는 울음소리로 그다지 다르게 표현하지 않지만, 실제로 비교하면 산양의 울음소리가 약간 높습니다. 반면 양의 울음소리는 영어로 'baa', 이탈리아어로는 'bee'라고 표현하며 상대적으로 소리가 낮습니다.

겉모습을 봤을 때는 턱수염이 난 것이 산양입니다. 성격도 다릅니다. 실제로 양은 매우 온순한 성격으로 겁쟁이라고 할 수 있지요. 방목할 때도 집단으로 이동하고, 목동이나 양치기 개가 방향을 유도하면서 풀을 먹을 수 있는 지정된 위치로 움직입니다. 또 양은 앞서 가는 양을 따라가는 습성이 있다고 합니다. 절벽 같은 곳에서 자칫 한 마리가 발을 헛디디면 다른 양이 차례로 그 뒤를 따라 떨어져 버리고 맙니다. 그래서 양치기가 필요하고, 양치기 개가 지켜보면서 키우는 것입니다.

또 양은 몸의 표면에 지방이 많아서 물을 튕겨 내기 때문에 비를 맞아도 괜찮지만, 산양은 물에 약해서 비가 오는 날 농가를 방문하면 모두 오두막집 안에 들어가 있곤 합니다.

페코리노의 산지에서만 맛볼 수 있는 '양젖 푸딩'

앞에서 말했듯이 양젖은 꿀꺽꿀꺽 마실 수 없을 정도로 고형분이 많은 진한 우유이기 때문에 식용 음료로는 적합하지 않습니다. 대신 이탈리아의 페코리노 산지를 비롯해서 프랑스, 스페인 등 여러 나라의 양젖 치즈 산지에서는 양젖에 응유효소를 넣고 굳힌 푸딩 형태의 제품을 만들어 팔고 있습니다.

우유에 효소를 넣어서 만든 응고물을 영어로는 커드curd, 프랑스어로는 카이에cailler, 이탈리아어로는 카리아타cagliata라고 합니다. 주로 치즈의 원료가 되는데, 양젖의 경우만 이 커드를 다른 공정 없이 그대로 먹을 수가 있습니다. 희고 부드러운 커드는 아몬드젤리처럼 보입니다.

토스카나의 페코리노 생산자가 만드는 '라베지올로Raveggiolo'는 커드를 건져서 성형틀에 넣은, 탱글탱글 부드러운 푸딩 상태의 양젖 프레시 치즈입니다. 양젖 특유의 미묘한 달콤함이 있고, 아몬드젤리나 순두부처럼 후루룩 넘어가는 것이 고급 밀크푸딩 같습니다. 프랑스의 양젖 치즈 산지이자, 스페인과 국경을 이루는 피레네 산맥의 산간 지역에서는 '카이에 드 브레비Cailler de brebis'라는 이름으로 생산되고 있으며, 아침 식사의 디저트로 활약 중입니다.

보르도 Bordeaux에서 이 카이에 드 브레비를 처음 만났을 때가 기억납니다. 2003년 6월, 보르도에서 열린 비넥스포 VINEXPO라는 세계적인 와인전시회에 일본인 소믈리에 다사키 신야 씨와 동행하여 출장을 갔습니다. 호텔 조식 뷔페에서 플라스틱 용기에 들어 있던 요거트같이 생긴 것을 무심코 집어 뚜껑을 열고 먹기 시작했습니다.

　왠지 푸딩 같은 식감이라는 생각이 들면서도 요거트라고 하기에는 뭔가 달랐습니다. 신맛은 없고, 반대로 단맛이 있고. 무엇일까 궁금하여 음식 이름을 다시 읽어 보니 '카이에 드 브레비'라고 쓰여 있는 것이 아닌가요! '브레비 brebis'라는 말은 암양이라는 의미로, 양젖 치즈를 의미하기 때문에 '앗, 이것은 양젖을 효소로 굳힌 카이에구나' 하고 알아차렸습니다.

　최근에는 본고장뿐 아니라 파리의 치즈 전문점에서도 만날 수 있고, 파리 생제르망 Saint-Germain 거리에 있는 '르 콩트와르 뒤 르레 Le Comptoir du Relais'라는 비스트로에서도 이 양젖 푸딩을 디저트 메뉴로 선보이고 있습니다. 여기서는 피레네 산맥 서부에 위치한 프랑스 바스크 Basque 지방의 전통적인 질그릇 냄비에 카이에 드 브레비를 넣고, 따뜻하게 데운 꿀을 첨가해서 내놓는데요. 카이에만으로도 단맛은 충분하지만, 따뜻한 꿀을 넣어서 먹으면 입안 가득 달콤함과 꽃향기가 퍼지고 양젖 자체의 단맛이 한층 배어나 훌륭한 일품요리로 변신

합니다. 피레네 산맥을 넘어 스페인 쪽의 바스크 지역으로 가면, '쿠와하다 데 오베하Coalhada de ovelhas, 양의 커드'라는 이름으로 똑같이 질그릇 포트에 양젖 푸딩이 담겨 나옵니다.

양젖 푸딩은 특성상 오래 보관할 수가 없어서 안타깝게도 일본이나 한국에서는 쉽게 만나기 어렵지요. 기회가 된다면 꼭 한번 현지에서 맛을 보세요. 페코리노의 아기 같은 디저트랍니다.

페코리노 로마노는 '로마'에서 만들지 않는다

이번 장의 앞부분에서 말했듯이 페코리노 로마노는 로마 시대에 로마 근교에서 태어난, 양젖으로 만든 치즈입니다. 하지만 현재 로마 근교에서 페코리노 로마노를 만드는 회사는 단 한 곳뿐이고, 사르데냐 섬으로 생산 중심지가 옮겨져 있습니다.

사르데냐 섬은 지중해에 떠 있는 섬으로, 북쪽으로는 프랑스령의 코르시카Corsica 섬이 있습니다. 이 두 섬과 똑같이 이탈리아 반도의 남쪽에 위치한 시칠리아 섬에서는 예로부터 양치기가 양을 기르고 치즈를 만들어 왔습니다. 반면 사르데냐 섬 사람들은 돈을 벌기 위해 본토인 로마에 가서 페코리노 로마노의 생산을 지켜 왔습니다.

그러나 도시가 발전하면서 로마 근교 역시 토지 개발이 진행되었고, 점차 양을 키울 만한 곳이 줄어들었습니다. 그렇다보니 언제부터인가 양 치는 사람들이 가족과 떨어져 본토까지 오는 대신 고향인 사르데냐 섬에서 양을 치고 치즈를 만들게 되었습니다. 현재는 페코리노협회의 사무국도 사르데냐 섬으로 본거지를 옮겼을 정도입니다. 1900년대 초반에는 사르데냐 섬에서 양을 키우는 농가가 다섯 채밖에 없었지만, 지금은 무려 2,500채나 증가했습니다.

사르데냐 섬에서는 본고장의 페코리노 로마노 외에 중간 정도 숙성했다는 뜻의 '세미코토 semicotto'라고 불리며 이어져 온 '페코리노 사르도'와 '피오레 사르도 Fiore Sardo' 역시 생산되고 있습니다. 페코리노 사르도와 피오레 사르도 모두 무게는 4킬로그램 정도로, 보통 20킬로그램이 넘는 대형 치즈인 페코리노 로마노에 비해 크기가 작은 편입니다.

덧붙여서 말하자면, 오래전부터 사르데냐 섬에서 만들어지던 양젖 치즈는 모두 막연히 페코리노라고 불렀는데, 시간이 흐르면서 피오레 사르도와 페코리노 사르도로 구별하기 시작했습니다. 특히 피오레 사르도의 원료로는 그 지방 고유의 무후로네 종의 양이 내는 우유를 사용하는 것이 의무화되었습니다. 무후로네 양은 사르데냐 섬과 코르시카 섬에 있던 야생 양이 선조라고 합니다.

피오레 사르도
페코리노 사르도는 '사르데냐의 꽃'이라는 뜻으로, 오랫동안 사르데냐 섬에서 만들어진 치즈이다. 치즈의 원유 역시 사르데냐 섬의 토종 양젖을 사용한다.

페코리노 사르도는 측면이 약간 부푼 그루터기 같은 모양을 하고 있고, 살짝 스모크가 낀 풍미가 특징입니다. 전통적인 공방에서는 치즈를 만드는 작업대 근처에서 새끼 돼지를 통째로 육즙이 나올 정도로 태워 맛있는 냄새와 연기가 가득했다고 합니다. 이 연기로 인해 페코리노 사르도가 맛있게 훈제되는 것이지요.

최고의 역사를 자랑하는 치즈

책의 시작 부분인 1장에서 페코리노 로마노를 소개하는 것은 이 책에서 소개하는 10종류의 치즈 가운데 가장 역사가 오래되었기 때문입니다.

  치즈의 역사를 살펴보면 고대 로마 시대 이전, 그리스 시대 초기 무렵에 이미 치즈를 먹었다는 흔적이 나타납니다. 당시 사람들은 응유효소로 우유를 굳혀서 얻은 커드를 풀로 엮은 바구니에 넣고 물기를 빼내어 바삭바삭하게 건조된 상태의 치즈를 만들었습니다. 이것은 매우 단단해서 바구니에서 긁어서 먹었던 모양입니다. 그 후 커드를 신선한 상태로 좀 더 오랫동안 보존하기 위해 매우 진한 소금물에 담그는, 현재의 그리스 전통 치즈 '페타^{Feta}'와 비슷한 제조법이 고

안되었습니다. 이처럼 이탈리아 치즈의 역사는 무척 길어서 서유럽에서 처음 치즈가 만들어진 곳이 바로 이탈리아였다고 전해집니다.

고대 로마 시대에도 우유를 이용하는 문화, 치즈를 만드는 지혜는 조금씩 진화했습니다. 치즈를 누르는 압착 기계도 발명되고, 치즈 주위에 흠뻑 소금을 뿌리고 문지르듯이 가염해서 오래 보관할 수 있도록 하는 장기 보존 방법도 개발되었습니다.

1세기 무렵에는 나사로 압착 정도를 조절할 수 있는 압착 기계가 발명되었습니다. 이로 인해 신선한 채로 먹을 것인가, 보존해서 먹을 것인가에 따라 압착 정도가 다른 치즈를 생산할 수 있게 되었지요. 이렇게 탄생한 것이 장기 숙성형 압착 치즈인 '페코리노 로마노'입니다. 우유 상태로 그냥 보관하면 금방 상하는 것을 훨씬 오랫동안 보존할 수 있는 음식물로 바꾼 것입니다.

페코리노 로마노는 이처럼 사람들의 지혜가 물씬 묻어난 치즈, 이탈리아의 역사를 느낄 수 있는 치즈입니다.

CHAPTER
2

ROQUEFORT
로크포르

· **Milk** 양젖
· **Type** 푸른곰팡이 치즈
· **District(milk)** 프랑스 아베롱 + 오드 + 가 + 에로 + 로제르 + 타른
· **District(age)** 아베롱 현 로크포르-쉬르-술종 마을의 동굴
· **Size & Weight** 직경 19~20cm + 높이 8.5~10.5cm + 무게 2.5~2.9kg
· **Fat percent** 고형분 중의 지방 함량 52% 이상

싱글남의 식사 : 빵, 치즈, 그리고 키스
- 조너선 스위프트 -

카사노바의 치즈, 프랑스의 왕들이 사랑한 치즈

로크포르 Roquefort는 프랑스를 대표하는 푸른곰팡이 타입의 치즈로, 이탈리아의 고르곤졸라, 영국의 블루 스틸톤 Blue Stilton과 더불어 세계 3대 푸른곰팡이 치즈로 꼽힙니다. 짠맛이 강하고 푸른곰팡이의 톡 쏘는 날카로운 자극이 특징으로, 흔히 남성적인 맛이라고 평가합니다. 한편으로는 입안에서 버터처럼 녹는 달콤함도 느껴지고, 촉촉하고 몰랑몰랑한 식감과 양젖 특유의 감칠맛 있는 풍미가 훌륭한 치즈입니다.

옛날 이탈리아의 유명한 플레이보이 카사노바는 이 치즈를 최음제로 간주하고 자신의 회고록《나의 인생 이야기 Histoire de Ma Vie》에 부르고뉴 Bourgogne 특등급 밭에서 생산되는 레드와인 '샹베르탱 chambertain과 로크포르는 잃어버린 사랑을 불러들이고, 싹트기 시작한 사랑의 결실을 맺게 해 준다. 이 얼마나 근사한 술이며 음식인가!'라고 썼습니다. 카사노바의 이 말로 인해 로크포르와 샹베르탱이 폭발적으로 팔렸다고 하니, 재미있지요.

로크포르 치즈의 역사는 고대 로마 시대까지 거슬러 갑니다. 로마의 군인이며 박물학자이기도 한 플리니우스가 저술한《박물지 Historia Naturalis》에 보면, 현재 로크포르의 선조에 해당하는 치즈가 오늘날 프랑스 주변 지역인 로마의 속주 갈리아^{Gallia}에서 만들어졌다고 합니다. 이 문헌을 통해 로크포르가 2천 년의 긴 역사를 자랑한다는 사실을 알 수 있습니다.

로크포르 치즈의 제조법은 기원전 50년대에 로마의 카이사르가 갈리아 전 지역을 정복한 후 기후가 온난하고 토지가 윤택한 로크포르 지역에 들러 전한 것입니다. 당시 치즈 만드는 기술 외에 포도 재배나 와인을 만드는 법, 우수한 건축 기술 등도 로마인에 의해 전해졌는데, 오늘날 로크포르 주변의 몽펠리에^{Montpellier}, 님^{Nimes}, 아를^{Arles}, 아비뇽^{Avignon}같이 유서 깊은 도시에는 고대 로마 시대의 수도교나 원형경기장 등 여러 유적이 남아 이를 뒷받침하고 있습니다.

8세기 후반에 프랑크 국왕이자 서로마 황제가 된 샤를마뉴 대제의 보좌를 맡은 한 수도승은 연대기에 다음과 같은 내용의 이야기를 쓰고 있습니다.

바르셀로나 원정에서 돌아오는 길에 들른 어느 수도원에서 대제는 처음 로크포르 치즈를 먹고 무척 마음에 들어 했습니다. 그래서 매년 두 수레씩 로크포르를 보내도록 명을 내렸습니다. 이러한 왕의 명령은 수도승들에게는 고난의 시작이었습니다. 로크포르의 생산량이 한정되어 있을뿐더러, 냉장 기술이 없는 시대여서 장기간 보존할 수도 없었기 때문입니다. 때문에 왕에게 진상할 푸른곰팡이 치즈를 구하기 위해 프랑스 곳곳을 헤맸다고 합니다. 또 다른 이야기로는 콩크수도원에서 성유물을 거두기 위한 상자를 받은 답례로 대제에게 로크포르 치즈를 보냈다는 설도 있습니다.

로크포르는 이처럼 프랑스의 역대 왕들에게 사랑받으면서 점차 지중해 연안의 마르세유^{Marseille}나 프랑스 남서부의 툴루즈^{Toulouse} 일대까지 생산지가 퍼졌습니다. 그러자 1411년 샤를 6세는 로크포르를 만드는 전통을 지키기 위한 일환으로 로크포르-쉬르-술종$^{Roquefort-sur-Soulzon}$ 마을의 동굴에서 치즈를 숙성시키는 전통적인 제조법에 대해서 독점권을 인정해 주었습니다. 더욱이 17세기 후반에 이르러는 로크포르의 생산법이 법적으로 보호되기까지 하였습니다.

정식으로는 1925년에 프랑스의 AOC 치즈 제1호로 로크포르가 지정되었습니다. AOC$^{Appellation\ d'Origine\ Contrôlée}$란 프랑스의 원산지 보호 제도로, 와인이나 치즈 등에 대해서 국가가 그 전통성을 인정하여 원산지나 제조 방법 등을 명문화해서 지정하고, 고유의 호칭과 품질을 보호하고 보증하는 것입니다. 이러한 제도에 의해 보호받는 첫 번째 치즈가 되었다는 것은 그만큼 로크포르가 인정받았다는 뜻이겠지요. 2009년부터 AOC는 EU의 원산지 통제 명칭인 AOP$^{Appellation\ d'Orgine\ Protegée}$에 통합되었습니다.

이처럼 로크포르가 AOC 치즈로 인정받았음에도 불구하고 한동안

'해적판' 로크포르 치즈가 연달아 나타나 원조와 가짜의 공방이 이어졌습니다. 마침내 1961년, 현지의 재판소가 정식으로 로크포르라고 부르는 제품은 '숙성고가 로크포르-쉬르-술종 마을에 있는 콩발루^{Combalou} 산의 퇴적물 지대 내, 표고 630~710미터, 길이 2.5킬로미터 내에 있는 것'이라고 판결을 내리면서 로크포르를 둘러싼 싸움에 종지부를 찍었습니다.

가령 덴마크에서 생산되는 '대니시 로크포르$^{Danish\ Roquefort}$'라는 제품이 있었는데, 해당 상표명을 쓰지 못하게 하는 움직임이 있어 현재는 '다나블루^{Danablu}'라는 이름으로 판매되고 있습니다. 로크포르는 무살균의 양젖으로 만드는 데 반해 이 치즈는 살균한 소젖으로 만들며, 전통적인 로크포르와는 전혀 다른 치즈이기 때문입니다.

정확한 원산지의 맛과 전통의 맛을 지키기 위해서 이러한 규제는 꼭 필요합니다.

'진짜' 로크포르 치즈가 태어나는 곳

치즈 숙성고가 로크포르-쉬르-술종 마을에 있는 콩발루 산의 퇴적물 지대 내, 표고 630~710미터, 길이 2.5킬로미터 내에 있는 것. 이

것이 정통 로크포르의 조건입니다. 로크포르는 왜 이렇게까지 세세하게 산지가 지정되어 있는 것일까요? 그 이유는 바로 로크포르 마을의 동굴에 있습니다.

로크포르의 고향인 로크포르 마을(정확하게는 로크포르-쉬르-술종)은 파리에서 남쪽으로 650킬로미터 떨어진 미디 피레네Midi-Pyrénées 지방 아베롱Aveyron 현의 남부에 있는, 인구 700명도 되지 않는 작은 마을입니다. 조금 남쪽으로 가면 스페인과 국경을 이루는 피레네 산맥이 있고, 동쪽으로는 몽펠리에가 있습니다.

주변은 세계자연유산으로 등재된 거대한 석회암 고원지대 레그랑 코스Les Granges로, 고도 3천 미터 이상, 넓이 약 3만 헥타르에 달하는 곳입니다. 이 일대는 날카롭게 깎아지른 협곡에 의해서 막혀 있는데, 로크포르 마을은 그중 콩발루 산의 바위 자락에 자리하고 있습니다. '로크Roque'는 바위, '포르Fort'는 성채라는 의미로, 콩발루 산 안쪽에 위치한 작은 마을에 잘 어울리는 이름입니다.

세계 어디에서도 쉽게 찾기 어려운 원시적인 자연 풍광과 수많은 동굴이 있는 이곳은 오늘날 매년 20만 명이나 되는 관광객이 찾아오는 명소가 되었습니다.

마을이 있는 콩발루 산의 북쪽 지역은 깎은 듯 날카로운 낭떠러지가 솟아 있고, 그 언저리 벼랑을 따라 약 2.5킬로미터에 걸쳐 암석 퇴

석회암으로 이루어진 콩발루 산은 정상이 평평하고 양쪽 가장자리가 활처럼 솟아 있는 모양이 말의 안장을 닮았다고 하여 붙은 이름이다. 이곳에 자리한 동굴이 바로 로크포르가 태어나는 곳이다.

적물이 가로놓여 있습니다. 이는 아주 먼 옛날 콩발루의 대지가 물의 침식에 의해서 붕괴되고, 지각변동에 의해서 허물어진 암석이 쌓여서 생긴 결과입니다.

크고 작은 암석 덩어리가 떨어지는 바람에 석회암질의 대지 내부에는 무수한 균열과 더불어 여러 군데 빈 공간이 생겼습니다. 그 결과 빈 공간은 큰 동굴을 형성하고 균열은 내부와 외부의 공기가 통하는 통로가 되어, 길이 2킬로미터, 폭 300미터, 깊이 300미터에 달하는 거대한 복도가 되었던 것입니다.

동굴 안은 일 년 내내 습도 95퍼센트, 온도 6~9도로 일정한 환경을 유지합니다. 또한 무수한 바람구멍을 통해 항상 공기가 순환되고 있습니다. 즉 천연 공기구멍이 완비된 훌륭한 숙성고라고 할 수 있겠지요. 이 동굴은 '숙성고 통로'라고 불리며, 거대하고 완벽한 숙성고가 되었습니다.

이 천연 숙성고 통로로 바람구멍으로 습기를 띤 바람이 들어오며 곰팡이 포자를 운반해 옵니다. 바람구멍이나 통로를 지나는 바람을 일컬어 '플루린^{fleurine}'이라고 합니다. 프랑스 남부에서 발달한 라틴어 방언인 오크어 'flouri'가 어원으로, '꽃이 핀다'와 '곰팡이가 자란다'라는 2가지 의미가 있습니다. 로크포르의 푸른곰팡이를 잘 키운다는 말에 붙어 지금도 쓰는 말입니다.

로크포르의 탄생을 둘러싸고 여러 일화가 전해지고 있는데요. 그 중 로크포르협회의 홈페이지에는 다음과 같은 전설이 소개되어 있습니다.

어느 목동이 한낮의 햇빛을 피하기 위해서 콩발루 산의 동굴 입구에서 쉬고 있을 때 아름다운 여인을 발견했습니다. 그는 그녀에게 첫눈에 반해, 점심으로 먹기 위해 싸 온 빵과 치즈를 내버려 둔 채 쫓아갔지만 놓치고 말았습니다. 그녀에게 정신을 빼앗겨 버린 목동은 그날 그곳에 음식을 놓아둔 일을 까맣게 잊었습니다. 며칠 후 목동이 동굴로 들어가 보니 빵은 곰팡이가 슬어 회색이 되었고, 치즈에는 강한 냄새가 나는 반점이 붙어 있었습니다. 호기심에 치즈를 한입 먹어 본 그는 치즈와 푸른곰팡이의 조합이 정말 맛있어서 깜짝 놀랐습니다.

이것이 바로 로크포르가 태어난 연유라는 거지요. 꽤 로맨틱한 이야기 아닌가요?

동굴에서 만들어지는 정통 로크포르

앞에서 이야기한 로크포르 탄생에 대한 이야기가 사실인지는 알 수 없지만, 콩발루 산의 동굴이 로크포르의 제조에 아주 중요한 역할을 한다는 점은 틀림없습니다.

그럼 지금부터 로크포르의 전통적인 제조법에 대해서 살펴볼까요?

❶ 우선 양젖을 28~32도로 데우고 응유효소를 첨가해 두 시간 동안 응고시킨다. 이렇게 해서 생긴 하얀 덩어리인 커드를 1.5센티미터 크기로 잘라서 섞는다.
❷ 자른 커드를 성형틀에 넣는다. 이때 로크포르 숙성의 주역이라 할 수 있는 곰팡이 페니실리움 로크포르티 Penicillium roqueforti 를 커드에 직접 부착시킨다. 형태를 잡은 후에는 물기를 빼기 위해 하루에 다섯 번, 3일간 계속 뒤집어 준다. 매일 치즈 표면에 조금씩 소금을 뿌리는 작업도 계속한다.
❸ 8일 후에 하얀 치즈 상태로 동굴의 숙성고로 운반한다. 바늘로 치즈 표면에 구멍을 뚫는데, 이는 발효에 의해서 치즈 안에 생기는 탄산가스를 빼내고 산소를 넣어 주기 위해서다.
❹ 약 4주 후 푸른곰팡이가 구석구석까지 퍼지면 치즈를 주석 포일에 싸서 곰팡이의 번식을 조절한다. 포일로 싸는 것은 공기를 차단하기 위한 것으로, 이후 푸른곰팡이의 번식은 멈추고 기존의 곰팡이가 내뿜는 효소로 치즈의 지방이 분해된다. 이렇게 천천히 숙성되면서 다양한 향과 풍미가 나오게 된다.

로크포르 치즈의 경우 법정 숙성 제조 기간은 최저 3개월로 규정되어 있지만, 보통 4개월 이상 숙성시킵니다. 이 외에 '특숙'의 경우 6개월, 7개월, 8개월, 9개월 동안 숙성시키는 제품도 있습니다.

숙성이 얼마 진행되지 않았을 때는 곰팡이의 색도 옅고, 대체로 흰 바탕에 초록색 마블링 모양입니다. 이후 숙성이 진행될수록 초록에서 푸른색으로 변하는데, 나중에는 회색을 띠고 청회색의 작은 반점

동굴 숙성고로 운반한 치즈에 바늘로 구멍을 뚫어 내부의 탄산가스를 빼내고 산소를 투입시킨다(왼쪽). 이후 푸른곰팡이가 충분히 치즈를 덮으면 더 이상 균이 번식하지 못하도록 포일로 감싸 준다(오른쪽).

이 여기저기 생깁니다. 몸체는 더욱 물러져서 혀에 닿으면 부서져 녹아내릴 정도가 됩니다. 그리고 소금의 맛과 곰팡이의 톡 쏘는 짜릿한 감촉만 남습니다.

맛의 비밀은 곰팡이가 핀 커다란 빵

한때 로크포르 제조사는 수십 개에 달했는데, 현재는 많이 줄어 일곱 개 회사만 남아 있습니다. 그중 최대 회사인 소시에테 사^{Roquefort Société}는 최첨단 기술을 구사하여 수제 치즈 수준의 제품을 만들어 내며, 현재 로크포르 시장에서 점유율 70퍼센트를 자랑하고 있습니다.

나비 마크로 유명한 파피용 사^{Roquefort Papillon}는 전통적인 제조법을 지켜 균형이 잘 잡힌 풍미를 자랑합니다. 맛에 강렬함과 깊이가 있어 애호가가 많은 회사입니다.

가족 경영을 계속하고 있는 카를 사^{Roquefort Carles}는 전체 공정을 수작업으로 진행하는 장인의 기술을 지켜 나가 여운이 길고 풍부한 향과 맛이 특징입니다. 현재 대형 공장에서는 섞기 쉽고 만들기 편하다는 이유로 우유 단계에서 푸른곰팡이를 섞는 경우가 대부분인데, 카를 사에서는 지금까지도 커드를 틀에 넣을 때 커드에 직접 푸른곰

완성된 로크포르. 푸른곰팡이가 피어 마블링 모양이 보인다.

이를 뿌리는 전통 제조법을 유지하고 있습니다.

　이 외에도 가브리엘 쿠레^{Gabriel Coulet}, 베르니엘^{Vernières}, 르 뷰 베르쥬^{Le Vieux Berger}, 프로마주리 옥시탄^{Fromageries Occitanes} 사 등이 각각 맛의 개성을 지키며 로크포르를 생산하고 있습니다.

　이전에 파피용 사를 방문했을 때의 일입니다. 이곳은 커드를 만드는 일이나 커드를 성형틀에 넣는 공정은 기계화가 되어 있지만, 원유와 푸른곰팡이의 자가 생산에 대해서는 로마 시대로부터 내려온 전통을 굳게 지키고 있습니다. 우선 원료가 되는 우유는 콩발루 고원 주변 40킬로미터 내에 위치한 농가 200채로부터 라콘느^{Lacaune} 종의 원유를 직접 구입하고 있습니다. 이들 농가들은 파피용 사가 오랫동안 거래해 온 곳들로, 엄격한 기준의 사육법에 따라 양을 기르고 있습니다. 높은 품질의 우유와 전통을 고수하는 제조법, 자연이 만들어 낸 최적의 숙성고, 이것이 바로 정품의 로크포르를 만들어 내는 비법이겠지요.

　이 공장에서 가장 놀랐던 것은 사장이 집에 내열 벽돌로 커다란 화덕을 만들어 몸소 푸른곰팡이용 빵을 굽는다는 점입니다. 푸른곰팡이용 빵을 만드는 과정을 한번 살펴볼까요? 먼저 3주간 계속 장작을 태워서 화덕 안을 800도의 고열로 만듭니다. 여기에 직경 30센티미터, 무게 약 9킬로그램의 거대한 빵을 넣고, 껍질이 까칠까칠하고 단단해질 때까지 두 시간가량 태웁니다. 이때 빵의 껍질이 단단할수록 질 좋은 푸른곰팡이가 만들어진다고 합니다.

잘 구워진 빵의 중심부는 부드럽고 촉촉하며, 여기에 푸른곰팡이 포자가 피어나면 동굴의 특별한 장소에 놓아둡니다. 그리고 약 80일간 그곳에 보관하는데, 매일 15도씩 빵을 회전시켜 푸른곰팡이를 구석구석 번식시킨다고 하네요.

80일 후, 빵의 영양분을 흡수하며 속살까지 전부 번식한 푸른곰팡이를 건조시킨 뒤 체로 칩니다. 이렇게 고운 분말이 된 푸른곰팡이는 로크포르 숙성의 주역인 페니실리움 로크포르티가 되는 것이지요. 이 귀중한 빵의 재료는 예로부터 라르작^{Larzac} 고원에서 재배해 온 무농약 세브르 종의 밀가루여야 한다고 합니다.

파피용 사나 카를 사는 집에서 만든 빵으로 푸른곰팡이를 번식시켜 커드에 직접 배양하는 전통적인 제조법을 고수하는 대표적인 회사입니다. 파피용 사의 사장은 "전통적인 방법으로 만든 푸른곰팡이는 매우 활력이 넘친다. 게다가 다른 회사에서 하듯이 숙성 단계에서 바늘을 찔러 공기를 넣는 작업을 할 필요가 없어 경비를 절감할 수 있고, 커드의 알맹이가 크기 때문에 맛도 풍부해진다"고 말하며, 자신들의 제조법에 대해 자부심을 내보였습니다.

치즈에 곰팡이의 포자를 붙이는 작업은 사장이 직접 발명한 기계

파피용 사와 카를 사는 집에서 직접 구운 빵을 이용해 푸른곰팡이 포자를 만든다. 겉은 바삭하고 속은 부드러운 빵 안에서 푸른곰팡이가 충분히 번식하면 이제 커드에 붙여 숙성시킬 차례.

로 하고 있습니다. 이 기계를 이용하면 커드 1킬로그램당 4그램(이 안에 1천억 개의 포자가 들어 있습니다)의 비율로 곰팡이를 붙이는 일이 가능하다고 합니다.

겨울에 최고의 맛을 낸다

석회질의 콩발루 고원은 밀이나 채소 같은 작물이 자라지 않는 불모지입니다. 이 척박한 땅에서 보이는 것은 바위틈에서 삐쭉 자라는 가는 풀밖에 없습니다. 하지만 이 풀 덕분에 농후한 양젖(양젖에는 소젖의 두 배 이상의 고형분이 들어 있습니다)이 만들어지고, 윤택한 로크포르의 풍미가 만들어집니다. 원료가 되는 우유를 내는 라콘느 종은 체중 50~70킬로그램 전후의 양으로, 이 대지에서 80만 마리가 사육되고 있습니다.

  양의 착유 기간은 출산기인 11월부터 다음 해 6월까지입니다. 이에 따라 로크포르는 지금도 12월부터 다음 해 6월까지 계절 제조를 하는데, 그 가운데서도 5월부터 6월까지 푸른 풀을 먹는 양이 생산해내는 젖이 가장 맛있다고 합니다. 그리고 이때 만들어진 로크포르가 약 6개월의 숙성 과정을 거쳐 눈을 뜰 때쯤 계절은 겨울을 맞이합

로크포르는 콩발루 고원의 푸른 풀과 이를 먹고 자란 라콘느 양의 원유 덕분에 풍부한 맛과 향을 갖는다.

니다. 다시 말해, 크리스마스와 새해 시즌부터 밸런타인데이까지가 푸른 풀을 먹은 양젖으로 만들어진 로크포르를 먹는 제철이라고 말할 수 있습니다.

로크포르의 풍미를 높이는 맛있는 궁합

로크포르는 포크로 뭉개서 샐러드에 얹거나 데친 감자와 곁들이면 맛있게 먹을 수 있고, 뜨거운 토스트에 올리거나 고기 소스 등에 곁들여도 풍부한 맛을 즐길 수 있습니다.

 로크포르가 제철인 겨울 동안 프랑스의 레스토랑에서는 지비에 Gibier 요리를 먹은 후에 개성 강한 로크포르를 먹는 것이 특히 인기입니다. 지비에는 청둥오리, 꿩, 산토끼와 멧돼지 등 사냥에서 포획되는 야생동물의 고기를 이용해 만드는 음식입니다. 또 이 지역의 특산 레드와인인 카오르 Cahors나 샤토네프 뒤 파프 Chateauneuf du Pape와 곁들여, 베리나 땅콩을 많이 넣은 호밀 빵 위에 로크포르를 올려서 먹어도 환상적인 조합입니다.

 최상의 궁합을 자랑하는 와인으로는 보르도 소테른 지역에서 나는 달콤한 귀부貴腐와인 소테른 Sauternes을 꼽을 수 있습니다. 특히 샤토

디켐Château D'Yquem, 샤토 클리망Château Climens, 샤토 리외섹Château Rieussec 등의 디저트 와인과 곁들여, 호두 등 견과류와 로크포르를 함께 먹는 것을 추천합니다.

이 외에 꿀이나 잼을 발라서 먹는 것도 좋겠지요. 최근 파리를 비롯한 프랑스의 치즈 전문점에서는 스페인에서 들여온, 모과와 비슷하게 생긴 마르멜로marmelo 열매로 만든 '파테 드 코잉Pate de Coing'이라는 잼과 로크포르와의 조합이 매우 인기인데요. 스페인에서는 멤브리요Membrillo라고 하는 이 과일과 로크포르가 어우러지며 내는 달고 시큼한 풍미는 도저히 참을 수 없을 정도입니다.

콩테
COMTÉ

- **Milk** 소젖(무살균)
- **Type** 가열압착 치즈(경질 치즈)
- **District** 프랑스 프랑슈콩테 지방
- **Size & Weight** 직경 60~70cm + 높이 약 10cm + 무게 약 40kg
- **Fat percent** 고형분 중의 지방 함량 45% 이상

수백 종류의 치즈를 만드는 나라가
어떻게 다른 나라의 지배를 받을 수 있겠는가?

- 샤를 드골 -

프랑스에서 가장 사랑받는 치즈

치즈의 본고장 프랑스에서 AOP 치즈 중 최대 소비량을 자랑하는 콩테^{Comté}는 비스킷 같은 갈색 껍질로 덮인 커다란 원반형을 하고 있습니다. 치즈에 포함된 수분의 양이 적고, 숙성과 함께 조직이 단단해져서 맛이 한층 더해진 가열압착 타입의 치즈입니다.

 이 치즈가 인기 있는 이유는 무엇보다 다채로운 맛과 좋은 밸런스를 꼽을 수 있습니다. 향이 짙고 풍미가 좋아 언제 먹어도 맛있고, 매일 먹어도 질리지 않습니다. 또 숙성하면서 풍미가 변하는 것도 재미있습니다. 달달한 맛에 점차 깊이가 더해지고, 캐러멜이나 초콜릿, 밤, 개암나무, 파인애플, 커피 등 다양한 향이 나며 여운이 길게 남습니다. 18개월에서 2년, 때로는 3년간 숙성을 거친 콩테는 아미노산 결정이 가볍게 씹히며 응축감이 강한 맛을 냅니다.

 프랑스에서 더없이 큰 사랑을 받고 있는 콩테의 생산량은 AOP 치즈들 가운데 최대로, 2위인 로크포르와 비교해도 두 배 이상 차이가 날 정도입니다. 콩테가 AOP에 등록된 것은 1958년의 일로, 당시는 AOP의 전신인 AOC 시절이었습니다.

 원산지는 프랑스 동부, 스위스와의 국경 지역에 있는 프랑슈콩테$^{Franche-Comté}$ 지방의 쥐라^{Jura}와 두^{Doubs}, 그리고 론알프$^{Rhône-Alpes}$ 지방의 앵^{Ain} 주에 걸치는 쥐라 산맥 일대의 거의 전 지역입니다. 이와 같은 산악지대는 북풍이 강하게 불고, 오랜 시간 눈으로 덮여 있기 때문에 겨울 동안 먹을 식재료 확보가 절실한 문제였습니다. 그래서 산에 사는 사람들은 가축을 죽이지 않고 얻을 수 있고, 보존도 오래 할 수 있는 귀중한 단백질원으로 치즈를 만들게 되었습니다.

애초에 영양이 풍부하지만 며칠밖에 보존할 수 없는 우유를 어떻게 잘 간수해서 식재료로 이용할 수 있을까 궁리한 끝에 탄생한 식품이 바로 치즈입니다. 쥐라 지방의 산사람들도 겨울을 대비, 음식을 장기 보관하기 위해서 우유를 치즈로 만들어 보존하는 기술을 발달시켰습니다. 오랫동안 보존할 수 있는 큼직한 사이즈의 치즈는 겨우내 가족들의 영양원이 될 수 있었습니다.

콩테의 역사는 무척 길어서 중세에 이미 생산이 시작되었습니다. 이탈리아 사람들도 이 커다란 치즈를 오래 보존할 수 있고 장기간 수송에도 견딜 수 있는 것으로 높게 평가하고, 마르세유를 경유해서 가져왔다는 기록이 남아 있습니다.

천 년 이상이나 되는 오랜 시간을 거쳐 지금도 여전히 콩테는 프랑스 국민에게 꾸준히 사랑받고 있습니다.

알프스의 높은 산맥은 마을에 긴 겨울을 가져왔고, 사람들은 이 혹독한 계절 동안 영양분을 보충하기 위해 치즈를 만들게 되었다.

과일 향 나는 여름의 콩테, 온화하고 부드러운 겨울의 콩테

콩테의 큰 매력은 계절, 숙성 기간, 만드는 사람 등 여러 조건에 따라 하나하나 맛이 다르다는 점입니다.

콩테가 만들어지는 쥐라 산맥은 중생대 쥐라기의 석회암질 지층으로, 알프스의 조산운동에 의해 형성된 높이 200~1,500미터의 산들이 이어진 지역입니다. 이곳에 독일가문비나무가 울창하게 자라난 광대한 고원이 펼쳐져 있습니다.

겨울이면 온통 눈으로 뒤덮여 혹독하게 추운 이 지역도 봄이 되면 알록달록 꽃이 흐드러지게 피고, 여름이 되면 초록이 풍부한 계곡이 펼쳐집니다. 봄에서 여름에 이르기까지 소들은 넓은 목초지를 거닐며 양질의 맛있는 우유를 제공합니다.

계절에 따라서 소들이 먹는 목초가 변하기 때문에 그에 따라서 치즈의 색이나 풍미도 달라집니다. 여름의 콩테는 화초의 천연 카로틴으로 물들어 진한 황금색을 자랑합니다. 또한 과일을 비롯해 각종 열매의 향기, 꽃과 봉오리의 향기가 나고 화려합니다. 반면 겨울의 콩테는 여름의 콩테와 비교해 농도가 옅고 색이 밝은 보리색이 됩니다. 풍미 역시 비교적 온화하고 볏짚이나 그윽한 나무 열매의 향이 납니다.

콩테의 생산지 내에서도 장소에 따라 다양한 종류의 식물이 자라

알프스에서도 봄은 아름답고 따뜻한 계절이다. 흐드러지게 피어난 꽃들은 고스란히 콩테의 향이 된다.

고 있습니다. 그 때문에 각각의 토지에서 여러 가지 풀과 꽃을 먹은 소들에게서 짠 우유로 치즈를 만들면, 장기 숙성하는 단계에서 소들이 섭취한 화초의 풍미가 치즈에 영향을 주어 갖은 향과 풍미가 탄생하는 것입니다.

이처럼 토지 고유의 토양, 식물, 기후 등이 서로 영향을 끼치는 지리적인 상호작용을 '테루아Terroir'라고 말합니다. 콩테를 포함해서 치즈나 와인의 전통적인 특징은 이 테루아에서 나오는 것입니다.

까다롭게, 엄격하게, 정성스럽게

콩테의 원료유로는 자연적인 방법으로 키운 몽벨리야르Montbeliarde나 프렌치 시멘탈French simmental 종의 우유만 사용하도록 프랑스 규정으로 엄격하게 정해 놓았습니다. 그중 원유 생산의 95퍼센트를 차지하는 몽벨리야르 소는 커다란 몸통과 큰 귀, 불그스름한 갈색과 흰 반점 모양이 특징인 아름다운 소입니다. 나머지 5퍼센트를 차지하는 시멘탈 소는 연한 황갈색이나 적갈색의 털에, 얼굴과 몸은 희고 등에도 흰 반점이 있는 대형 소입니다.

소는 따뜻한 계절에는 한 마리당 1헥타르 이상의 목초지에서 방목

콩테의 주요 품종인 몽벨리야르 소. 원유 생산의 대부분을 차지한다.

하다가 가을이 끝나 갈 무렵 우사로 되돌려 보냅니다. 긴 겨울 기간에는 전통적으로 건초를 먹여 키우는데, 이 사료는 농가가 생산한 것으로 제한됩니다. 특히 목초, 옥수수 등 사료 작물을 목초 저장 창고인 사일로 silo에 잘라 넣어 발효시킨 사일리지 silage나 다른 발효 사료는 일절 금지되어 있습니다.

소가 매일 먹는 사료는 우유의 품질에 많은 영향을 끼칩니다. 사일로 속에 있는 풀은 공기가 차단되어 있기 때문에 절임식품처럼 유산 발효합니다. 자연계에 존재하는 낙산酪酸균이 함께 들어갈 가능성도 있습니다. 사료와 함께 소의 체내에 섭취된 낙산균은 우유를 통해 치즈에 포함되어 쓴맛을 내거나 숙성 시에 이상 발효를 일으킬 수도 있기 때문에 좋은 치즈를 제조하는 데는 맞지 않습니다. 이 때문에 고품질의 치즈를 생산하는 많은 목장에서는 사일리지라고 불리는 이러한 목초 사료를 소들에게 먹이지 않습니다.

이렇게 까다롭게 관리한 소들에게서 얻은 우유는 치즈 공장으로부터 반경 25킬로미터 이내의 목장에서 아침과 저녁, 하루 두 번 착유한 후 스물네 시간 이내에 커드로 만듭니다. 이처럼 규제가 엄격한 것은 그만큼 그 지방 토지의 특성을 소중히 여기기 때문입니다.

콩테의 탄생 – 가열, 문지르기, 숙성

콩테는 무게가 약 40킬로그램으로, 크기가 큰 치즈입니다. 이 치즈를 만드는 데 평균 400리터의 우유가 필요한데, 이는 소 20마리의 하루분 착유량에 해당합니다. 대량의 우유를 마련하기 위해 낙농가의 사람들은 협동조합을 형성하게 되었고, 마을 중심으로 '프류이티에 Fruitiere'라고 불리는 치즈 공방을 만들어 협력하며 치즈를 만들기 시작했습니다.

'프류이티에'는 '과일장수'라는 뜻으로, 과일을 의미하는 '프류이 Fruit'가 어원입니다. 우유가 치즈가 되고 이를 통해 이익을 내는 모양이 마치 나무에 열린 과일 같다고 비유하여, 콩테의 제조소를 이렇게 부르게 되었습니다.

이제 전통적인 콩테를 만드는 방법을 소개하겠습니다.

❶ 우유를 구리 냄비에 담아 가열하고 새끼 소의 위에서 추출한 응유효소인 레닛 renet을 첨가하여 커드를 만든다. 커드를 쌀알 크기로 부수고, 다시 휘저어 섞으면서 55도 정도까지 가열한다.
❷ 가열한 커드를 꺼내서 훼이 whey, 즉 유청 乳淸을 제거하고 성형틀에 넣는다.
❸ 성형틀에 넣은 희고 부드러운 치즈를 프류이티에의 소규모 숙성실로 옮긴다. 이곳에서 바닷물로 만든 소금을 뿌리고 소금물로 표면을 닦으면서 약 3주간 숙성시킨다. 이것을 '전숙성 前熟成'이라고 한다.

❹ 치즈를 지역 내의 다른 숙성고로 옮겨 독일가문비나무 선반에 늘어놓는다. 숙성고는 온도와 습도가 철저히 관리되며, 이곳에서 '아피뇌르affineur'라고 하는 숙성사가 소금을 치즈 표면에 골고루 발라 준다. 이어 치즈를 숙성시키는 리넨 스균이 활동할 수 있도록 모르주morge 액체를 표면에 정기적으로 문질러 주며 뒤집어 준다.

이렇게 만들어진 콩테는 수개월 숙성 후 점점 독특한 풍미를 빚어냅니다. 표면은 미색에서 갈색으로 변하며 비스킷 상태의 껍질을 형성합니다. 최저 4개월에서 18개월, 때로는 그 이상에 달하는 긴 숙성을 거쳐 독특한 식감과 색, 풍미를 가진 콩테가 탄생하지요.

숙성사는 트리에trier라고 불리는 T 자형의 길고 가는 기구를 사용해서 치즈를 검사하는데요. 한쪽 쇠망치 부분으로 치즈를 두드려 보고, 다른 쪽의 뾰족한 막대기 부분을 치즈에 푹 찔러서 안의 조직과 향을 확인하고 시식합니다. 이렇게 정성껏 치즈의 숙성 상태를 확인하는 것입니다.

현재 쥐라 산지에는 열여섯 개의 숙성고가 있는데, 숙성고마다 내부의 환경이나 장인들의 기술이 다릅니다. 각자 독자적인 기술로 정성과 시간을 들여서 콩테를 숙성시키는 것입니다.

덜 숙성된 상태의 콩테는 조직이 연하고 탄력이 있습니다. 이후 일 년 정도 숙성이 진행되면 하얀 입자 형태의 아미노산 결정이 나

나무 선반에서 숙성되는 콩테의 모습이 장관을 이룬다.

타나는데, 이 결정 덕분에 특유의 감칠맛이 느껴지게 됩니다. 치즈의 표피 역시 숙성될수록 까끌까끌 단단하게 변하고, 껍질의 색은 엷은 베이지에서 갈색으로 익어 갑니다.

콩테의 숙성 기간이 최저 4개월이기 때문에 여름에 담근 치즈를 겨울 무렵부터 먹을 수 있습니다. 애초에 추운 계절에 먹을 수 있게끔 계산했던 것이지요. 지금은 겨울을 나기 위한 보존식품이라는 애초의 성격은 희박해졌지만, 여전히 콩테처럼 산에서 만든 치즈는 날이 추워지는 계절에 더욱 먹고 싶어집니다. 봄부터 여름까지 생산되는 우유로 만든 치즈는 화초의 향기나 태양의 빛이 가득 차 있는 듯 부드럽고 매력적이기 때문이지요.

프랑스에서 일반적으로 즐겨 먹는 것은 5~6개월의 짧은 숙성을 거친 콩테입니다. 이 정도의 콩테는 가벼운 견과류의 풍미가 특징입니다. 하지만 개중에는 12개월, 18개월, 24개월, 더 긴 것은 36개월이나 숙성한 치즈도 있습니다. 이와 같이 숙성된 콩테는 다른 가공 없이 그저 긴 시간을 지나왔을 뿐인데, 껍질은 갈색으로 변하고 약간 매운 향이 납니다. 조직은 숙성에 의해서 쫀득해지고, 감칠맛이 응축된 농후한 맛이 느껴집니다. 달콤한 과일이나 나무 열매의 향, 때로는 꿀이나 꽃향기가 느껴지고, 여러 풍미가 다채롭게 섞여 한입만 먹어 봐도 강한 인상이 남습니다.

라벨, 색의 차이가 반드시 맛의 차이는 아니다

콩테에는 품질을 표현하는 '초록색'과 '갈색'의 라벨이 있습니다. 숙성사가 외관, 조직, 맛 등의 요소를 음미하고 판단하여 합계 20점 만점으로 콩테 하나하나를 채점하고 순위를 매기는 것입니다.

채점의 결과, 우선 12점 이상인 것에만 '콩테'라는 이름을 붙일 수 있습니다. 그리고 그중 12~13점에 해당하는 콩테에는 갈색의 라벨(총 생산량의 약 15퍼센트)을, 그 이상은 초록색 라벨을 붙이게 됩니다. 합격점인 12점 미만의 것에는 콩테라는 이름을 붙일 수 없습니다. 이렇게 불합격한 치즈들은 2가지 이상의 천연치즈를 혼합해 다시 제조하는 가공치즈의 원료가 됩니다.

초록색이나 갈색 라벨을 붙인 것 모두 4개월 이상 숙성한 '진짜' 콩테입니다. 가령 갈색 라벨이라도 맛이 떨어진다고 단정할 수는 없습니다. 실제로는 맛의 차이 때문이 아니라 겉으로 보이는 작은 상처가 원인인 경우가 대부분으로, 이러한 점을 제외하면 맛은 초록색 라벨과 비교해 손색이 없는 경우가 많습니다.

라벨의 색은 숙성 기간과 풍미의 분류와는 관계가 없지만, 초록색 라벨의 숙성 기간은 평균 8개월이라고 합니다.

콩테 애호가들 중에는 장기 숙성을 좋아하는 사람도 적지 않습

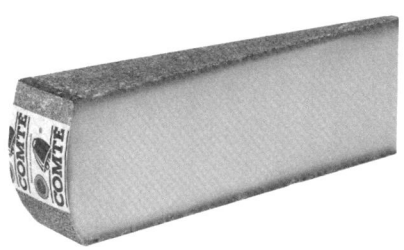

일단 '콩테'라는 이름을 얻었다면 라벨의 색과 상관없이 모두 훌륭한 맛을 자랑한다.

니다. 6개월 이상 숙성시킨 것은 '콩테 엑스트라Comté extra'라고 부르고, 12개월 이상 된 것은 오래된 콩테라는 뜻의 '뷔 콩테Vieux Comte' 혹은 그 풍요로운 맛이 과일에 비교할 만하다 해서 '콩테 프뤼이테Comté fruité'라고 합니다.

사실 이 정도로 장기간 숙성에 견딜 수 있는 콩테는 엘리트 중의 엘리트입니다. 만드는 과정과 치즈의 상태를 꼼꼼하게 지켜보면서 보살피는 숙련된 숙성사의 손길이 없으면 탄생하기 어렵겠지요. 잘 금잘금 씹히는 맛의 결정이 생기는 콩테는 18개월 이상 숙성이 필요하고 특별한 숙성고에서 선별된 것으로, 당연히 가격도 비쌉니다.

치즈 생산자가 모이는 프랑스의 경제공동체

콩테는 낙농가, 치즈 공방(프뤼이티에), 숙성사(아피뇌르)라는 세 그룹의 협력에 의해서 전통적인 제조법으로 만들어집니다. 콩테의 전통적인 산지에는 오랜 역사와 문화를 자랑하는 전문 장인의 연대 조직이 경제공동체로 형성되어 있기도 합니다.

현재 쥐라 산맥 부근에는 약 2,700채의 낙농가와 160채의 프뤼이티에가 존재합니다. 전문 숙성사인 아피뇌르가 있는 숙성 업체도

와이어로 치즈를 자르는 장인의 모습. 완성된 콩테는 직경이 60~70센티미터나 된다.

20채가량 됩니다. 마을 조직에서 치즈를 생산하는 시스템은 옛날 8세기 무렵에 만들어졌습니다. 이는 엄격한 자연환경 속에 서로 의지해서 살아갈 수밖에 없는 산속의 생활을 여실히 보여 줍니다.

콩테의 산지인 폴리니^{Poligny} 마을에 거점을 둔 콩테 치즈 생산자협회 CIGC^{Le Comité Interprofessionnel du Gruyère de Comté}는 치즈 생산자의 공동체를 경제공동체로 통합하여 판촉 활동, 업계 보호, 제품 연구 등을 이어 가고 있습니다. 이 협회를 운영하기 위해서는 당연히 운영비가 필요한데요. 재정의 95퍼센트를 차지하는 것이 바로 '그린 플레이트^{green plates}'의 판매 수익입니다.

그린 플레이트란 치즈와 똑같이 카제인^{casein}이라는 유단백질로 만든 작은 타원형의 얇은 막으로, 제조 단계에서 치즈의 껍질에 붙입니다. CIGC가 치즈 공방에 판매하는 이 그린 플레이트에는 각각 공방의 생산자등록번호가 기재되어 있습니다. 이것을 통해 치즈마다 어느 생산자가 만든 것인지 식별하고 관리할 수 있게끔 되어 있습니다.

연간 콩테의 생산량은 약 145만 개입니다. 한 개가 40킬로그램 정도니까 중량으로 치면 매년 5만 톤이나 생산된다는 계산이 나옵니다. 그만큼 콩테는 이 지역 일대의 경제를 책임지는 중요한 존재라 할 수 있겠지요.

최고급 콩테의 숙성실을 들여다보다

일전에 콩테 투어에 참가한 적이 있습니다. 당시 프랑스의 유명한 치즈상이 모여서 콩테의 숙성 관리를 위탁하고 있는 마르셀 쁘띠 Marcel Petite 사의 숙성고를 방문했습니다. 본사가 있는 퐁타리에 Pontarlier 마을에서 자동차로 한 시간 정도 달려 도착한 곳은 표고 1,100미터에 위치한 포트 생 앙투안 Fort Saint Antoine 입니다. 생 앙투안 숲 속에 있는 이곳은 18세기에 지어진 요새를 용도 변경한 숙성고입니다. 세계대전 당시에는 무기고로도 이용했다고 하니, 특이하지요.

숙성고 안으로 들어가니 천장이 높고 널찍한 것이, 밖에서 봤을 때는 상상할 수 없을 정도로 컸습니다. 서늘한 숙성고에서 잠자고 있는 것은 12~24개월 숙성된 콩테뿐으로, 이곳 생 앙투안 숙성고는 마르셀 쁘띠 사가 위탁받아 관리하는 콩테 중에서도 장기 숙성 콩테가 있는 곳입니다. 놀랍게도 이미 예약 판매가 완료된 것이 대부분이라고 합니다.

여름에 만든 치즈를 겨울에 먹는 산간 사람들은 콩테를 이렇게 오랫동안 숙성시켜서 먹지는 않았는데요. 콩테를 느긋하게 숙성하면 근사한 풍미를 갖는다는 사실을 처음 발견한 것이 바로 마르셀 쁘띠 사의 창업주인 마르셀 쁘띠 씨였다고 합니다.

쥐라 산맥에 위치한 숙성고인 포트 생 앙투안은 원래 군사 요새로 구축되었던 곳이다.

이 지역에는 콩테를 포함해서 AOP의 인정을 받은 치즈가 4종류 있습니다. 압착 치즈인 모르비에Morbier, 푸른곰팡이 치즈인 블뢰 드 젝스Bleu de gex, 워시 치즈인 몽도르Mont d'Or입니다. 테루아를 소중히 여기는 이 치즈들은 모두 무살균 유제품입니다.

주변 지역에서는 발효가 된 말랑말랑한 치즈 캉쿠왈로트Cancoillotte도 생산하고 있습니다. 탈지유를 원료로 하는 메톤metton 치즈를 물이나 소젖과 함께 약한 불에 데워서 소금이나 버터를 첨가해 만드는 치즈로, 몽글몽글한 크림 맛이 특징입니다. 따뜻한 빵에 발라서 아침 식사나 간식으로 먹기도 하고, 채소나 고기 요리의 소스로 사용하기도 합니다.

맛있는 콩테 구별법과 더 맛있게 먹는 궁합

콩테 같은 가열압착 타입의 치즈를 고를 때 유념할 점은 절단면을 보고 표면이 깨끗하고 밀도가 높은 것을 고르는 것입니다. 치즈의 색이 칙칙하거나 단면에 균열이 있는 것, 혹은 불규칙한 구멍이 뚫려 있는 것 등은 상태가 좋지 않은 것입니다.

콩테는 다른 타입의 치즈에 비해서 조직이 단단하고 숙성이 잘되어 있지만, 일단 개봉하여 절단한 뒤에는 되도록 단면이 공기에 닿지 않도록 하는 게 좋습니다. 제품이 진공팩으로 싸여 있다면 유통기한이 넉넉한 것을 고르도록 하고, 되도록이면 필요한 만큼 잘라서 주는 가게에서 구입하는 게 좋겠지요. 가정에서 보존할 때에는 자른 면에 알루미늄 포일을 꽉 붙인 후 랩으로 전체를 감싸두면 치즈가 랩의 냄새를 흡수하지 않고 풍미가 보존됩니다(껍질 부분은 붙이지 않아도 괜찮습니다).

콩테를 먹을 때는 냉장고에서 꺼내 30분에서 한 시간 정도 실온에 두었다가 드시기 바랍니다. 방금 꺼낸 것은 지방분이 얼어서 굳어 있고 풍미가 닫혀 있어, 입에 넣어도 차갑게 느껴질 뿐입니다. 단, 덩어리째 실온에 두었다가 냉장고에 넣었다가 하면, 먹을 때마다 치즈의 온도가 변하게 됩니다. 이런 식으로 온도 변화를 반복하면 치즈의 풍미가 손상되기 때문에 먹을 양만큼 잘라서 실온에서 원상태로 돌리고 나머지는 냉장고에 넣어 두는 것이 좋겠지요.

저는 식후에 먹을 치즈는 밥을 먹기 전에 미리 먹을 만큼 잘라서 쟁반에 보기 좋게 담아 실온에 놓아둡니다. 그러면 식사를 끝낼 무렵 치즈도 적당히 원상태로 돌아오게 됩니다. 그리고 나머지 치즈는 항상 냉장고에서 보관하는 것이지요.

콩테 치즈는 숙성 정도에 따라서 맛의 강함과 풍미의 복잡함이 다럽니다. 가령 아침에 한 조각 맛보는 것이라면 6개월에서 8개월 정도로 비교적 숙성이 짧은 것을 추천합니다. 이 시기의 콩테는 온화하고 부드러운 소금 맛과 감칠맛, 우유의 달콤함이 느껴지며, 보들보들 촉촉한 식감을 선보입니다. 여기에 빵과 커피 혹은 오렌지주스, 햄과 달걀, 샐러드나 과일 등을 곁들인다면 밸런스 좋은 근사한 아침식사를 즐길 수 있습니다. 이 외에 차와 곁들여도 훌륭한 조합이 됩니다. 서양식 식단을 대신한다면 콩테를 김에 싸서 먹어도 별미입니다.

숙성이 빠른 콩테는 슬라이스하기도 쉽고 식감이 촉촉하기 때문에, 식빵이나 바게트로 샌드위치를 해 먹는 것도 추천합니다. 또 캄파뉴같이 소박한 빵에 짧게 숙성한 콩테를 얇게 썰어 넣어 만든 토스트도 무척 맛있습니다. 숙성이 빠른 콩테는 적당히 수분도 있기 때문에 주르륵 녹아서 맛있는 치즈 토스트가 됩니다.

8개월 정도의 짧은 숙성 콩테는 양파 그라탱 수프처럼 오븐에서 조리하는 요리에도 추천할 만합니다. 슬라이스를 한 바게트나 포카치아에 삶은 채소와 콩테를 얹어서 먹는 것도 좋습니다.

반면 12개월 이상 숙성한 콩테는 견과류의 풍미도 담겨 있고, 숙성 과정에서 맛도 한층 응축되어 나옵니다. 얇게 슬라이스하거나 주사위 모양으로 잘라서 샹파뉴 _{샴페인, Champagne} 같은 스파클링와인의 안주로 하거나 화이트와인과 함께 즐기면 최적입니다. 숙성이 18개월,

24개월, 36개월에 이르는 장기 숙성된 콩테는 맛이 꽤 강하기 때문에 일본 술이나 소주 안주로도 잘 어울리지요.

콩테는 숙성 상태에 따라 맛과 풍미가 다르니 기분에 따라, TPO(시간, 장소, 상황)에 맞게 즐겨 보셨으면 하는 치즈입니다.

CHAPTER 4

브리 드 모
Brie de Meaux

- **Milk** 소젖(무살균)
- **Type** 흰곰팡이 치즈
- **District** 프랑스 센에마른 + 오브 + 루아레 + 마른 + 오트마른 + 뫼즈 + 욘
- **Size & Weight** 직경 36~37cm + 높이 약 3~3.5cm + 무게 약 2.5~3kg
- **Fat percent** 고형분 중의 지방 함량 45% 이상

당신의 돈과 시간,
그리고 당신 자신을 치즈에 투자하라.
그 정도의 낭만은 갖춰야 한다.
− 안소니 부르댕 −

파리 동부에서 만들어지는 흰곰팡이 치즈, 브리 삼 형제

브리 드 모 Brie de Meaux는 파리 동부에 있는 브리Brie 지방에서 생산하는 흰곰팡이 타입의 치즈입니다. 브리 드 모와 브리 드 플랑Brie de Melun, 쿨로미에Coulommiers를 합쳐서 '브리 삼 형제'라고 부르는데, 모와 믈랑, 쿨로미에는 모두 마을 이름입니다. 모는 파리에서 동쪽으로 차로 50분 정도에 있는 마을로, 유로디즈니랜드 바로 근처에 위치한 곳이라고 하면 익숙하지 않을까요.

유명한 브리 삼 형제 중에서도 장남 격인 브리 드 모는 가장 크기가 큽니다. 흰곰팡이 타입의 치즈라고 하면 우선 카망베르Camembert를 떠올리는 분도 계실 테지요. 카망베르가 직경 11센티미터 정도에 중량이 250그램인 반면, 브리 드 모의 중량은 카망베르의 열 배에서 열두 배인 2.5~3킬로그램에 달하고, 직경은 36~37센티미터나 됩니다. 흰곰팡이 타입으로서는 정말로 파격적인 크기입니다. 맛은 세련되고 감칠맛이 있으며, 그야말로 왕의 품격이라 할 만합니다. 종종 '치즈로 만든 과자'라고 부르기도 하지요.

차남 격인 브리 드 플랑은 직경 27~28센티미터, 중량 1.5~1.8킬로그램으로, 볼륨이 형인 브리 드 모의 반 정도입니다. 강렬하고 개성적인 맛으로, 짠맛도 확실하고 버섯 향이 납니다. 또 충분히 숙성시키고 나서 출하하기 때문에 표피의 흰곰팡이가 없어지고 갈색이 되어 자연 그대로의 풍미가 넘칩니다. 이러한 점에서 브리 드 모는 여성적, 브리 드 믈랑은 남성적이라는 말도 있습니다.

삼 형제 중에 막내 격인 쿨로미에는 직경이 브리 드 믈랑의 반 정도 밖에 안 되고, 무게도 500그램 정도입니다. 맛을 보면 부드럽고 맛깔스러운 것이 누구나 좋아할 만한, 친숙함이 넘치는 치즈입니다.

왕들에게 사랑받은 치즈의 왕

파리 인근에서 만들어진 브리 드 모는 여러 왕들에게 사랑을 받았습니다. 몇 가지 일화를 살펴보면, 중세 서로마 황제인 샤를마뉴(카를 대제)가 이 치즈를 무척 사랑했고, 프랑스의 루이 14세 역시 브리 드 모를 가장 좋아했다고 하지요. 특히 루이 14세의 브리 드 모 사랑은 엄청나서, 많을 때는 매주 50대나 되는 마차가 모 마을을 떠나 베르사유 궁전이나 파리의 마을로 향했다고 전해집니다.

또 루이 16세도 브리 드 모를 좋아했습니다. 프랑스 혁명이 발발한 뒤 왕은 국외로 도망치려고 했지만, 국경 인근의 바렌느 앙 아르곤 Varennes-en-Argonne에서 붙잡히고 말았습니다. 그런데 그런 위기의 상황

쿨로미에
대표적인 흰곰팡이 치즈인 브리 삼 형제 가운데 막내라고 할 수 있는 쿨로미에. 막내답게 가장 작고 가벼워 장남인 브리 드 모에 비해 중량이 5분의 1 정도 밖에 안 된다.

속에서도 브리 드 모를 먹고 싶다고 했다 하니, 그가 얼마나 이 치즈를 좋아했는지 알 수 있지요.

이 외에 영화 『회의는 춤춘다』의 모델이 된 1814년의 빈 회의에 얽힌 이야기도 유명합니다. 프랑스 혁명 후 유럽 여러 나라의 대표들이 오스트리아 빈에 모여 회의를 열었는데, 각국의 이해가 충돌해서 교섭이 잘 진행되지 않자 '회의는 춤춘다, 그러나 진전은 없다'는 야유를 받았습니다. 해를 넘겨 1815년이 되어서도 회의가 계속되자 회의를 진행하는 가운데 유럽 각국의 치즈를 모아서 시식하고 품평회를 열었습니다. 여기서 브리 드 모가 승리를 거두자 '치즈의 왕'으로 뽑혔다고 합니다. 이처럼 브리 드 모는 왕이 좋아한 치즈이기도 하며, 치즈의 왕이 되기도 하였습니다.

전통의 맛을 고집하는 브리 드 모의 제조법

근대화가 진행되고 공장에서 대량으로 치즈를 생산하게 되자 살균유가 원료로 많이 사용되었습니다. 1866년에 프랑스의 생화학자인 루이 파스퇴르 등이 우유나 와인이 부패하는 것을 막기 위해 저온살균법을 개발했기 때문입니다. 그 후 위생 관리나 품질의 안정이라는

치즈의 왕으로 꼽혔던 브리 드 모는 오늘날에도 치즈의 대표로 꼽기에 손색이 없다.

관점에서 여러 살균법이 개발되어, 치즈를 만드는 데도 살균유를 사용하는 것이 일반화되었습니다.

하지만 EU의 PDO^{Protected Designations of Origin, 원산지 통제 명칭, 프랑스어로는 AOP} 치즈 중에는 현재에도 무살균유를 원료로 사용할 것을 의무화하는 경우가 많이 있습니다. 브리 드 모도 마찬가지이고, 브리 드 믈랑과 카망베르 드 노르망디^{Camembert de Normandie}도 무살균유로 만들도록 정해져 있습니다. 덕분에 전통의 맛이 고스란히 남아 있습니다.

무살균유를 사용하는 치즈 생산자는 본고장에 전해 오는 전통적인 제조법을 고수하고 자연적으로 존재하는 유용한 미생물을 거둬서 풍미가 깊고 개성 있는 치즈를 만들고자 힘쓰고 있습니다. 물론 무살균유를 사용하기 때문에 착유 후에 잡균이 섞여 들어가지 않도록 빨리 치즈를 제조하는 등 엄격한 품질관리가 요구됩니다.

전통적인 브리 드 모의 제조법은 다음과 같습니다.

❶ 우유를 30도 전후로 데워서 레닛을 넣고 응고시킨다. 원료가 되는 우유는 반드시 무살균된 것을 사용한다.
❷ 응고된 커드를 '펠르 아 브리^{pelle à brie, 손도구}'라고 부르는 구멍 뚫린 커다란 전용 국자로 건져 올려 시렁 위에 놓은 용기에 채운다. 수분이 빠지면 여러 번 뒤집으며 형태를 만들어 간다.
❸ 형태를 잡은 치즈의 표면에 소금을 뿌리고, 다음 날 치즈를 뒤집어서 반대쪽에도 소금을 뿌려 문질러 준다.

❹ 소금을 뿌린 치즈에 흰곰팡이를 뿌려 번식시킨다.
❺ 일주일 정도 지나면 대부분 숙성 전문 업자에게 치즈를 보내 숙성시킵니다.

브리 드 모는 카망베르의 어머니

프랑스 북서부 노르망디 지방은 영국 해협으로 돌출되어 있는 반도 모양의 땅으로, 센 강 하류를 따라 경치가 좋고 비옥한 토지가 펼쳐져 있습니다. 이 지방 원산인 노르망디 소(노르망디 종)는 치즈를 만드는 데 알맞은, 단백질 함유량이 많은 상품의 우유를 내는 것으로 유명합니다.

이 지방에서 만들어지는 카망베르 치즈는 브리의 제조법이 도입되면서 태어났다고 전해집니다. 일본이나 한국에서는 브리보다 카망베르가 좀 더 인지도가 있다고 생각하기 때문에, 카망베르에 대해서도 조금 언급하겠습니다.

1791년 프랑스 혁명으로 혼란스러운 파리 근교에서 도망쳐 온 어느 사제가 바스노르망디Basse-Normandie 주 오른Orne 지역의 카망베르 마을에 도착했습니다. 한 농가의 헛간에 몰래 숨어 지내던 사제는 그때 자신을 숨겨 준 농부의 아내인 마리 아렐Marle Harel에게 브리의 제조법을 가르쳐 주었습니다. 그녀는 그 지방에서 예로부터 생산하던 리바로Livarot라는 치즈의 틀을 사용해서 작은 흰곰팡이 타입의 치즈를 고안해 냈고, 이것이 카망베르의 기원이 되었다고 합니다.

카망베르 중에 AOP에 지정되어 있는 것으로는 무살균유를 재료로 하여 전통적인 제조법을 유지하고 있는 '카망베르 드 노르망디'가 있습니다. 이 외에 무살균유를 사용해서 대규모 공장에서 만드는 것, 통칭 '통조림 카망'이라고 불리는 장기 보관 제조법을 도입한 카망베르도 있습니다. 통조림 카망은 카망베르를 가열 처리해서 숙성을 멈춘 것으로, 병 또는 플라스틱 용기에 넣어 유통합니다. 유효기간도 반년에서 일 년 정도로 길게 설정되어 있는 것이 많습니다. 가열 처리를 했기 때문에 더 이상 숙성하지 않는 안정된 치즈로, 소풍 갈 때 도시락으로 싸 가거나 집에 갑자기 손님이 왔을 때 접대용으로 몇 개 저장해 두면 유용합니다.

다채로운 흰곰팡이 치즈

새하얀 곰팡이로 뒤덮인 치즈는 브리나 카망베르 외에도 여러 종류가 있습니다. 노르망디 지방에서 만들어져 밸런타인 시즌에 많이 팔리는 것으로 유명한 하트 모양의 '뇌샤텔Neuchâtel', 부르고뉴 지방에서 샹파뉴 지방에 걸쳐서 만들어지는 '샤오스Chaource' 등이 제각각 개성 있는 맛을 자랑하니 비교해 보는 것도 재밌겠네요.

전통적인 제조법에 따라 만든 흰곰팡이 치즈를 맛볼 때 꼭 기억해 둘 점은 숙성에 의해서 풍미가 변한다는 사실입니다. 숙성이 덜 됐을 때는 표면이 새하얗고 아름다운데, 중심부에는 분필처럼 보이는 심이 있습니다. 그러다가 숙성이 진행될수록 흰곰팡이가 내는 효소가 단백질을 조금씩 분해해서 바깥쪽에서 안쪽으로 점점 부드러워지고, 중심부까지 연한 조직으로 변해 갑니다. 맛도 숙성에 의해서 복잡하게 변해 감칠맛이 납니다. 동시에 표면의 흰곰팡이가 없어지고 대신 갈색 반점이 나오게 되지요. 숙성에 의한 맛의 변화를 즐기고 자신의 기호에 맞는 숙성 정도를 찾아보면 어떨까요.

흰곰팡이 타입의 치즈에는 더블크림(수분을 뺀 고형분 중의 지방 함량이 60퍼센트 이상 75퍼센트 미만)이나 트리플크림(고형분 중의 지방 함량이 75퍼센트 이상)을 첨가하여 크림 맛이 더 강하게 나는 종류도 있습니다. '카프리스 데 디외Caprice des Dieux, 신들의 변덕'나 '엑스플로라토Explorateur, 탐험가'처럼 독특한 이름이 붙은 치즈도 매우 인기가 있습니다. 또 흰곰팡이 타입의 변종으로, 겉모습은 흰곰팡이 치즈인데, 절단해서 속을 보면 푸른곰팡이 타입인 일석이조 치즈도 있습니다. 대표적

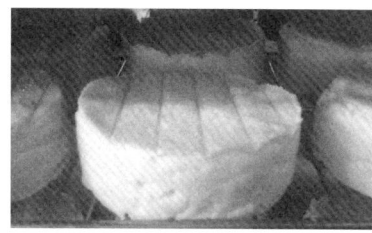

브리와 마찬가지로 흰곰팡이 치즈에 속하는 카망베르

으로 독일의 '캄보졸라Cambozola'가 유명한데, 카망베르와 이탈리아의 푸른곰팡이 치즈인 고르곤졸라의 이름을 조합한 신조어라고 합니다.

  맛있는 흰곰팡이 치즈는 우선 표피가 건조하지 않고, 자른 단면이 너무 연약해서 흘러내리지 않는 것입니다. 흰곰팡이 치즈의 단면은 실온에서 원상태로 돌아가더라도 부슬부슬한 정도가 이상적입니다.

  보존할 때는 자른 면에 플라스틱 재질의 치즈 전용 흐름 방지막이나 알루미늄 포일을 대어 건조해지지 않도록 합니다. 카망베르는 포장지에 싸서 나무 상자에 넣어도 좋겠지요.

흰곰팡이 치즈의 추천 레시피와 와인 매칭

입안에서 녹는 맛이 좋은 흰곰팡이 치즈는 녹여서 먹어도 맛있습니다. 야들야들하게 녹기 때문에 감칠맛 나는 소스로 여러 요리에 이용할 수 있습니다. 소스에 이용할 경우에는 덜 숙성된 것을 고르는 것이 좋고, 치즈의 껍질은 불에 녹지 않으므로 벗겨서 사용합니다.

  브리를 사용한 요리법을 몇 가지 소개해 보겠습니다.

브리 코코트 퐁듀

재료(4인분)
브리 드 모 120g, 빨간색 파프리카, 황색 파프리카 각 1/2개, 샬롯(작은 양파 모양의 채소, 없으면 양파로 대체) 4개, 오이 1개, 래디시 4개, 방울토마토 8개, 소금, 후춧가루

만드는 법
① 파프리카는 씨를 빼고 1센티미터 폭으로 길게 자른다.
② 샬롯은 두께에 따라서 반 또는 세 조각으로 자르고, 래디시는 둘로 자른다.
③ 오이는 반으로 자른 뒤 6~8센티미터 길이의 스틱이 되도록 세로로 4등분한다.
④ 채소를 모두 그릇에 담는다.
⑤ 먹기 직전에 브리 드 모를 전자레인지에 20~30초가량 데운다(너무 데우지 않도록 주의). 기호에 따라 소금과 후춧가루를 뿌리고 썰어 둔 채소를 첨가한다.

　이 요리에 곁들이는 와인은 브리 드 모의 높은 품격에 맞춘다면 샴페뉴를 추천합니다. 청량하고 부드럽게 넘어가는 와인이 복잡한 맛이 나는 브리 드 모의 맛을 한결 북돋아 줍니다. 채소의 식감에 맞춘다면 쌉쌀한 화이트와인도 추천할 만합니다.
　이번에는 솜털 같은 흰곰팡이로 뒤덮인 말굽형 치즈 '바라카Baraka'에 대해 살펴보겠습니다.
　바라카는 더블크림 타입의 치즈로, 크림 맛의 버터 같은 풍미가 특징입니다. 바라카는 원래 아라비아어에 기원을 둔 말이었는데, 유럽

에서는 말의 편자가 행운을 가져다준다는 이야기가 전해져, 현재 프랑스에서는 '행운을 부르는 신의 배려' 또는 단순히 '행운'이라는 의미로 사용되고 있습니다. 정말로 행운을 부르는 치즈라고 불러도 좋겠지요. 축하할 일이 생겼을 때 안성맞춤인 바라카를 사용한 일품요리를 소개하겠습니다.

바라카 베리 케이크

재료(케이크 1개분)
바라카 1개, 딸기나 블루베리 등 베리 적당량, 민트 적당량, 그랑 마니에르$^{Grand\ Marnier,\ 코냑에\ 오렌지\ 향을\ 가미한\ 프랑스산\ 리큐어}$ 적당량

만드는 법
❶ 딸기 등 큰 베리 종류를 먹기 좋게 자른다.
❷ 베리를 볼에 넣고 그랑 마니에르를 뿌려서 섞는다.
❸ 접시에 바라카를 놓고 그 위에 베리를 올린 뒤 민트로 장식한다.

바라카에 곁들이는 와인으로는 샴페인을 추천합니다. 잔잔한 거품이 치즈의 크림을 풍성하게 해 주어 제격이지요. 앞에 소개한 레시피처럼 베리를 얹을 경우에는 특히 로제의 샹파뉴가 좋겠지요. 과일 향과 조화가 되어 보다 맛있게 먹을 수 있습니다.

CHAPTER
5

모차렐라
MOZZARELLA

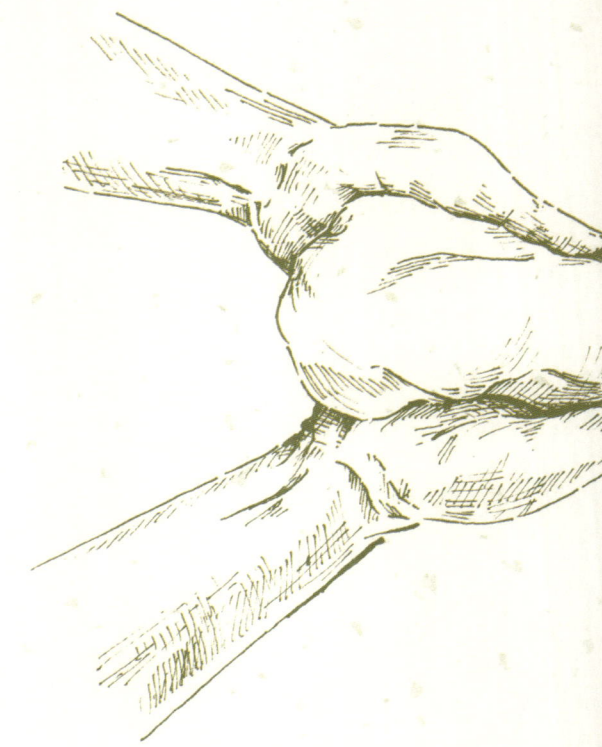

- **Milk** 물소젖
- **Type** 프레시 치즈
- **District** 이탈리아 캄파니아 주 일대
- **Size & Weight** 직경 3~12cm + 무게 20~800g
- **Fat percent** 고형분 중의 지방 함량 52% 이상

치즈는 우유에 불멸의 힘을 부여한 것이다.
- 클리프 파디먼 -

마르게리타 피자와 함께 유명해진 모차렐라

물속에 떠오르는 새하얀 둥근 보석, 모차렐라Mozzarella. 아기 주먹 크기부터 체리같이 작은 사이즈, 심지어 진주만 한 것까지 크기도 가지각색입니다. 먹는 방법도 다양해서 생으로 잘라서 토마토나 바질과 함께 샐러드로 먹기도 하고, 피자 위에 녹여서 실처럼 쭉 늘어지게 하여 먹기도 하지요. 모차렐라는 다양한 방식으로 사용되며 이탈리아 요리에서는 꽤 익숙한 프레시 치즈입니다.

프레시 치즈란 거의 숙성시키지 않은 타입의 치즈로, 모차렐라는 표면이 희고 반들반들 매끄러운데다가 생긴 모양이 둥글둥글해서 마치 갓 만든 찹쌀떡 같습니다. 손가락으로 누르면 살짝 탄력이 느껴지고, 치즈 안의 조직은 섬유 상태입니다. 한입 깨물면 아련하게 우유 맛이 입안에 퍼져 참으로 노글노글한 기분이 됩니다.

원산지는 동쪽으로 아페닌Apenninus 산맥, 서쪽으로 티레니아 해Tyrrhenian Sea를 바라보는 이탈리아 남부의 캄파니아Campania 주로, '나폴리는 보고 나서 죽어라'는 말이 있을 정도로 아름다운 경치가 펼쳐지는 나폴리Napoli 일대입니다.

이 주변은 여름이면 한낮 기온이 체온을 넘을 정도로 덥고 비가 적은 건조지대입니다. 치즈를 만드는 데는 혹독한 지리적인 조건으로, 80퍼센트가 산악지대이며 평야지대는 겨우 20퍼센트에 불과하지요. 그 때문에 목초를 많이 먹는 소보다, 잡초를 부지런히 먹으며 꿋꿋이 살아가는 양들을 많이 키웁니다. 이러한 환경에도 불구하고 이곳에서 모차렐라의 원유를 생산하는 동물은 바로 물소입니다.

원래 인도 주변에 생식한다는 물소는 로마 시대에 이 지역으로 건너왔다고 전해지고 있습니다. 그렇다고는 해도 어떻게 해서 이 지역으로 오게 되었는지 확실한 사실은 알려지지 않았습니다. 다만 언제부턴가 이탈리아의 습원지대에 물소들이 거처를 발견하고 번식했다고 알려져 있을 뿐이지요. 13세기경에는 이미 캄파니아 주 카푸아 Capua 시의 수도사들이 순례자들에게 빵과 모차렐라, 와인을 대접했다는 기록이 있습니다.

하지만 모차렐라가 세계적으로 알려지게 된 것은 19세기에 들어서입니다. 바로 '마르게리타 Margherita' 피자가 탄생한 것이 계기가 되었습니다. 1898년 나폴리를 방문한 움베르토 1세와 마르게리타 왕비 부부를 위해, 피제리아 '피에트로 에 바스타 코지 Pietro e Basta Cosi'가 이탈리아의 삼색기에서 영감을 받아 '초록색의 바질, 흰색의 모차렐라, 빨간색의 토마토소스'를 재료로 피자를 만들어 바쳤습니다. 그리고 피자를 매우 맛있게 먹은 왕비가 스스로 '피자 마르게리타'라는 이름을 붙였다고 합니다.

떡 같은 모차렐라 만들기

자, 그럼 지금부터 본고장의 모차렐라 만드는 법을 살펴볼까요? 물소젖은 이전까지 이탈리아 사람들이 익숙하게 다루던 양젖이나 소젖과는 약간 성질이 다르기 때문에, 모차렐라는 독특한 방법으로 만들어집니다.

❶ 33~36도로 데운 물소젖에 응유효소를 넣고 우유가 순두부처럼 되었을 때 피아노선을 팽팽히 잡아당겨 만든 커터를 이용해 가로세로로 잘게 자른다.
❷ 수분(유청)을 뺀 후 다섯 시간 정도 휴지시켜 두었다가 단단하게 응고된 우유 덩어리를 적당하게 잘라내어 슈레더shredder, 문서 절단기 같은 도구로 잘게 부숴 큰 통에 넣는다.
❸ 여기에 펄펄 끓는 물을 붓고 막대기로 휘저으면 치즈가 녹으면서 찹쌀떡 같은 상태로 늘어진다. 물을 버리고 다시 한 번 반죽하면 새하얗고 쫀득쫀득한 치즈가 완성된다.
❹ 2인 1조가 되어 뜨거운 치즈를 주먹 크기로 작게 잘라 차가운 소금물에 담근다. 이 과정에서 치즈의 표면이 둥글고 윤기 있는 형태가 된다. 뜨거운 치즈를 잘라 내기 때문에 손이 순식간에 새빨개지는데, 도중에 몇 번이고 찬물에 손을 식히면서 이 작업을 계속한다.

반죽하여 치즈의 형태를 잡는 장인들의 기술에 의해 모차렐라의 속살은 섬유 상태의 조직으로 정돈됩니다. 이렇게 잘게 찢는 동작을 '모차레 mozzare'라고 하며, '잘라 내는 일, 떼어 내는 일'이라는 의미의 이탈리아어 'mozzatura(모차토라)'에서 치즈의 이름이 유래되었다고 합니다. 하지만 모차렐라 치즈의 표면이 단단하지 않기 때문에 '셔츠를 입지 않는다'는 의미의 'scamozzata(스카모르차타)'를 어원으로 한다는 설도 있습니다.

최근에는 수작업을 하는 공장이 줄어드는 추세인데, 커드가 식어 버리면 맛있는 모차렐라가 되지 않고 작업 시간도 많이 걸리기 때문에 기계화되는 일은 어쩔 수 없겠지요.

물소젖으로 만드는 나폴리의 모차렐라

모차렐라에는 크게 2종류가 있습니다. 물소젖으로 만들어진 '모차렐라 디 부팔라 캄파나 Mauri Mozzarella di Bufala Campana, '부팔라'는 물소를 의미한다'와, 소젖으로 만든 '피오르 디 라테 Fior di Latte, 우유의 꽃'입니다.

물소젖은 카로틴 함유량이 적기 때문에 새하얀 모차렐라가 됩니다. 이에 반해 소젖으로 만든 경우는 카로틴이 좀 더 포함되어 있기 때문에 크림색이 도는 모차렐라가 됩니다.

특히 나폴리 출신의 이탈리아인에게 모차렐라라고 하면 물소젖으로 만든 것을 가리킵니다. 나폴리 사람들은 '소젖으로 만든 모차렐라는 노란색이에요. 우리가 먹는 것은 본고장의 (물소젖으로 만든) 하얀 모차렐라예요!'라고 하네요.

나폴리 사람들은 모차렐라에 대한 이러한 긍지를 갖고 있으며, 물소젖으로 만든 모차렐라를 너무나도 사랑합니다.

물소젖 모차렐라는 지방이나 단백질이 소젖에 비해 많고, 그만큼 맛도 진하며 수분이 많습니다. 물소는 일반적으로 소에 비해 착유량이 적고 젖 자체가 귀하기 때문에, 소젖으로 만든 치즈에 비해 가격도 비쌉니다.

치즈의 품질과 생산지를 보증하는 DOP^{Denominazione di Origine Protetta, 이탈리아의 원산지 통제 명칭} 제도에 의하면, 이탈리아에서는 캄파니아 주에서 물소젖을 사용해 만든 모차렐라를 '모차렐라 디 부팔로 캄파나'로서 보호하고, 소젖으로 만든 것은 '모차렐라 디 바카^{Mozzarella di Vacca}'라고 부르고 있습니다.

물소젖을 사용한 DOP 모차렐라의 지정 지구는 캄파니아 주의 북쪽에서 카세르타^{Caserta} 현 일대, 나폴리 현, 살레르노^{Salerno} 현과 내륙의 베네벤토^{Benevento} 현, 라치오^{Lazio} 주의 로마^{Rome} 현, 프로시노네^{Frosinone} 현, 라티나^{Latina} 현까지, 총 일곱 개 현에 걸쳐 있습니다.

전통적인 모차렐라는 겨울철이 제철이라고 합니다. 겨울이 되면 물소젖의 지방분이 높아져 치즈가 맛있게 만들어지기 때문입니다. 크기는 일반적으로 250그램 전후의 주먹 크기인데, 그 외에 체리 사이즈는 '칠리에지 Ciliegine', 탁구공만 한 것은 '보코치니 Bocconcini', 세 가닥으로 짠 것은 '트레치아 Treccia'라고 합니다. 현지에서는 더 다양한 형태의 모차렐라를 만날 수 있습니다.

최고 품질의 물소가 자라는 하이테크 목장

이탈리아 캄파니아의 주도인 나폴리의 동남부에 위치한 바티팔리아 Battipaglia에는 유기농 인증을 받은 유명한 물소 목장이 있습니다. 설비가 잘 정돈된 대규모의 목장으로, 물소의 귀에 마이크로칩을 달아 한 마리 한 마리 세밀하게 관리하고 있습니다.

하루 종일 습지에 드러누워 생활하는 물소는 아침과 저녁, 두 차례 정해진 시간이 되면 줄을 서서 이동합니다. 착유를 하기 위해서입니다. 물소들은 우선 릴랙스존이라 불리는 길을 지나가면서 자동으로 샤워를 하고 회전 브러시로 빗질을 합니다. 물소에게 이렇게 빗질을 해 주면 마사지를 하는 효과가 있어 기분을 좋게 하고 긴장감을 풀어 준다고 하네요. 이렇게 긴장이 풀린 상태의 물소로부터 착유하면

 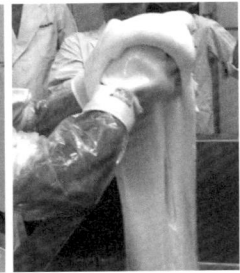

일본 치즈 공방에서 모차렐라 만드는 일을 체험해 보았다(왼쪽).

떡처럼 쫄깃한 질감의 모차렐라(오른쪽).

보다 질 좋은 젖을 얻을 수 있습니다.

  릴랙스존을 통과한 물소들은 착유기가 있는 존으로 들어가 우유를 짜냅니다. 이어서 마지막은 레스토랑존입니다. 착유를 마친 물소만이 이곳에서 식사를 할 수 있습니다.

  마이크로칩이 소들의 행동을 개별적으로 관리하고 있기 때문에, 샤워를 하지 않았거나 빗질을 하지 않은 물소가 있다면 빠뜨린 과정으로 되돌아가게 하는 자동화 시스템이 작동합니다. 또한 짜낸 물소 젖을 관리하기 위한 검사 시스템이 완비되어 있습니다. 일괄된 컴퓨터 관리 아래, 자연에 가까운 상태에서 물소를 양육하고 품질 좋은 모차렐라를 만들어 내는 것입니다.

모차렐라의 친척 치즈

모차렐라는 우유를 응고시킨 커드에 뜨거운 물을 붓고 잡아 늘여 가며 반죽하여 섬유 상태로 완성하는 파스타 필라타 제조법으로 만듭니다. 같은 방식으로 만들어지는 친척뻘 치즈에는 프로볼로네 Provolone, 카치오카발로 Caciocavallo, 스카모르차 Scamorza 등이 있습니다. 그럼 각각의 치즈에 대해 간단히 살펴볼까요?

프로볼로네 Provolone

소젖을 원료로 하는 반경질 타입의 대형 치즈입니다. 이탈리아 남부의 나폴리가 원산지라고 되어 있습니다. 공 ball을 의미하는 나폴리 방언 '프로보 provo'에서 이름 붙여졌습니다. 그 이름대로 이전에는 공 형태로 만들어졌는데, 지금은 소시지나 서양배 모양 등 여러 가지 형태로 만들어지고 있습니다.

숙성이 덜 됐을 때는 크림 맛으로 쫀득하고 탄력이 있습니다. 담백하면서 적당한 소금기가 있어 그대로 즐길 수 있습니다. 가열하면 잘 늘어나고 부드럽게 녹기 때문에 요리에 사용하는 것도 추천합니다.

응유효소로 새끼 소의 레닛을 사용하는 온화한 풍미의 '돌체 Dolce', 새끼 양의 레닛을 사용하는 강한 풍미의 '피칸테 Piccante'가 있습니다.

카치오카발로 Caciocavallo

'카치오 cacio'는 치즈, '카발로 cavallo'는 말이라는 뜻입니다. 응고시킨 치즈를 담은 자루를 말의 안장 좌우에 늘어뜨려서 숙성시켰다는 점에서 이름이 유래되었습니다.

반경질 치즈로, 원료는 말의 전유, 소금, 레닛뿐입니다. 색이 희고, 조직이 단단하며 반들반들한 모습입니다. 훈제를 한 것, 숙성이 덜 된 것, 오래 숙성시킨 것 등 맛보는 방법이 다양합니다. 숙성이 덜 되

독특한 모양의 카치오카발로. 치즈 그대로 먹기도 하고 요리에 넣어 조리해서 먹기도 한다.

었을 때는 달달한 크림 맛이 나는 반면, 숙성이 진행되면 점점 강한 풍미를 내면서 단단해지기 때문에 요리에도 적합합니다.

　DOP로 지정된 카치오카발로 실라노^{Caciocavallo Silano}나 카치오카발로 시칠리아노^{Caciocavallo Siciliano}, 카치오카발로 포돌리코^{Caciocavallo Podolico} 등이 있습니다.

　원래는 캄파니아 주 소렌토^{Sorrento} 지방에서 만들어졌는데, 현재는 아브루초^{Abruzzo} 주, 몰리세^{Molise} 주 같은 이탈리아 남부 지역이나 중부의 라치오 주 등에서 생산됩니다.

스카모르차^{Scarmorza}

　우유에 리넷을 첨가해 응고시킨 커드에 뜨거운 물을 넣고 반죽한 뒤 잘게 찢어 소금물에 담그고 끈으로 묶어 매달아서 만드는 치즈입니다. 끈으로 매달아 숙성하는 까닭에 조롱박 모양을 하게 되었습니다. '뾰족한 끝을 자르다'라는 의미의 이탈리아어 '스카모차레^{scamozzare}'가 이름의 유래라고 전해집니다.

　훈제를 한 '아푸미카타^{Affumicata}'와 훈제하지 않은 '비안케^{Bianche}' 타입이 있습니다. 모차렐라보다 더 숙성이 진행된 만큼 탱글탱글한 탄력이 특징입니다. 열을 가하면 주르륵 녹기 때문에 피자나 그라탱 같은 요리에 알맞습니다. 함께하는 음료로는 화이트와인도 잘 맞지만,

아푸미카타의 스모키한 향은 특히 맥주와 궁합이 뛰어납니다.

카치오카발로와 같은 계열의 치즈로 300그램 이상은 카치오카발로, 그 이하는 스카모르차라는 중량의 차이가 있습니다.

신선함을 즐기는 프레시 치즈

모차렐라와 똑같이 거의 숙성시키지 않은 프레시 타입의 치즈에는 코티지 치즈 Cottage cheese, 크림 치즈 Cream cheese, 리코타 치즈 Ricotta cHeese, 마스카르포네 Mascarpone, 프로마주 블랑 Fromage Blanc, 프로마주 프레 Fromage Frais 등이 있습니다.

코티지 치즈 Cottage Cheese

영국이 원산지인 프레시 치즈로, 탈지유로 만들어지기 때문에 칼로리가 낮습니다. 또한 유산발효로 우유를 응고시켜 수분을 많이 포함하고 있습니다. 색이 희고 점도가 있는 반죽 상태의 치즈로, 매우 담백하고 상큼한 신맛과 깔끔한 풍미가 살아 있습니다.

생치즈 그대로 샐러드에 넣어 먹거나 드레싱, 샌드위치나 케이크 등에 사용하기도 합니다. 이 치즈는 우유에 식초나 레몬즙을 넣고 응고시킨 것을 물로 가볍게 씻은 뒤 수분을 빼는 방법으로, 가정에서도 비교적 간단하게 만들 수 있습니다.

코티지 치즈를 탈수 응고시키고 헝겊 등으로 싼 뒤 그 위에 무거운 돌을 올려서 한 번 더 탈수·성형한 것이, 인도나 파키스탄 등 아시아 지역에서 널리 먹고 있는 파닐 Paneer 입니다.

크림 치즈 Cream Cheese

생크림이나 크림을 우유와 혼합한 후 유산균으로 발효시켜서 만든 부드러운 맛의 프레시 치즈입니다. 촉촉하고 부드러운 질감에 상큼한 신맛이 특징. 그대로 빵이나 베이글에 발라 먹거나 훈제 연어에 곁들여서 먹습니다. 다른 재료를 섞어서 딥소스를 만들기도 하고, 말린 과일이나 견과류를 넣어 만드는 타입도 있습니다.

리코타 치즈 Ricotta Cheese

이탈리아 남부 지방이 원산지인 프레시 치즈입니다. '리코타 ricotta'란 '두 번 익혔다'라는 의미로, 치즈의 제조 공정에서 배출된 유청을 가열하여 여기에 포함된 수용성 유청 단백질을 응고시킨 것입니다. 뭉글뭉글한 식감에 점도가 있는 반죽 상태이며, 기분 좋은 달콤함이 특징입니다.

유청을 가열한 뒤 물기를 빼서 만드는 리코타

날것 그대로 먹기도 하고, 라비올리나 칸네로니 등의 파스타의 재료로도 사용합니다. 또 파이 반죽을 사용한 이탈리아의 구운 과자인 스폴리아텔레Sfogliatelle나, 리코타 치즈나 설탕 절임 과일을 넣은 이탈리아 전통 과자인 칸놀로Cannolo 같은 과자의 재료로도 종종 쓰입니다.

마스카르포네Mascarpone

부드러운 식감을 자랑하는 이탈리아 원산의 크림 치즈입니다. 스페인 총독이 이탈리아 북부의 롬바르디아Lombardia 주를 방문했을 때 이 치즈를 맛보고는 너무나도 맛있어서 'Mas que bueno!(훌륭하다!)'라고 외쳤다는 데서 이름이 유래했다고 합니다. 현재는 이탈리아 전 지역에서 생산되고 있습니다.

유지방분이 높고 생크림 같은 맛이 나는데요. 가염하지 않았기 때문에 맛이 연하고 잔잔한 신맛이 나서 요리나 티라미수 등의 디저트 재료로 곧잘 사용됩니다. 염분이 높은 푸른곰팡이 치즈에 섞으면 가볍게 먹을 수 있습니다.

프로마주 블랑Fromage Blan/프로마주 프레Fromage Frais

우유를 응고시켜서 수분만 빼낸 프레시 치즈입니다. 탈지유로 만드는 것은 유지방분이 없지만, 전유로 만드는 것은 지방분이 있습니다. 치즈로는 드물게 고형 固形이 아니라 요거트처럼 걸쭉한 모습입니다. 실제로 제조법과 맛이 요거트에 가까워서, 요거트라고 생각하며 먹는 사람도 있습니다.

　프로마주 블랑과 프로마주 프레 모두 요거트와 마찬가지로 유산균으로 응고시키거나 응유효소를 보조적으로 사용하여 만드는 방식은 같지만, 프로마주 블랑은 굳힌 뒤 물기를 빼낸다는 점에서 차이가 있습니다. 그만큼 프로마주 블랑 쪽이 더 단단한 조직이 됩니다. 즉 요거트를 커피 필터 등으로 거른 다음 물을 빼면 금세 프로마주 블랑 같은 프레시 치즈를 만들 수가 있습니다.

일본에서 생산되는 모차렐라

일본에서도 모차렐라 타입의 치즈가 만들어지고 있습니다. 생으로 먹어도 좋고, 열을 가해 녹여 먹어도 맛있기 때문에 거부감 없이 먹기 좋은 프레시 치즈입니다.

타이나이 모차렐라 치즈(니가타 현/타이나이 고원 치즈 제조)
　저지 jersey 종 소젖으로 만드는 모차렐라 치즈입니다. 이 치즈 단독으로 보면 흰색이지만 홀스타인 모차렐라와 비교하면 매우 노랗게 보입니다. 이것은 저지 소젖에 유지방분이 많기 때문입니다.

모차렐라(홋카이도/시라누카라쿠케샤 제조)

소젖으로 만든 제품으로, 우유의 달콤함과 더불어 탄력 있고 씹는 맛이 있는 식감을 즐길 수 있습니다. 일본의 모차렐라 중에서는 제일 가는 맛이 아닐까요.

모차렐라 치즈(미야자키 현/다이와폼 제조)

소젖을 원유로 하며, 수작업으로 제조하는 것을 고수하고 있는 가족 경영 낙농가의 치즈입니다.

모차렐라(나가노 현/아트리에 드 프로마주 제조)

소젖으로 만들고, 100그램 정도의 작은 크기입니다. 씹으면 우유의 달콤함이 퍼지고, 뒷맛은 시큼합니다.

모차렐라 치즈(기후 현/치즈공방 트리덴테 제조)

소젖으로 만드는 제품으로, 이탈리아 레스토랑에서 많이 사용하여 프로용 치즈라고 일컬어집니다.

모차렐라 드 버펄로(홋카이도/하코네목장 제조)

 일본에서 쉽게 접하기 어려운 물소젖 모차렐라입니다. 홋카이도에 위치한 목장의 이름이 '하코네'인 것은 가나가와 현의 하코네에서 1969년에 홋카이도로 이전한 까닭입니다.

유후인 온천 모차렐라(오이타 현/유후인 치즈 공방 제조)

 유후인의 온천수로 길러진 홀스타인 종의 젖으로 만든 깨끗한 흰색이 특징입니다. 입에 닿는 느낌이 부드럽고, 씹으면 수분이 입안에 퍼집니다. 표면은 얇은 피막으로 둘러싸여 있습니다.

모차렐라(홋카이도/치즈공방 NEEDS 제조)

 체리 크기의 작은 모차렐라로 원유는 소젖입니다. 수분이 적당히 함유되어 있고, 씹으면 우유의 단맛이 느껴집니다.

떡 모차렐라 치즈(시즈오카 현/이데보쿠 제조)

 소젖으로 만든 치즈. 후지산 고원목장 '이데보쿠'에서 아침 일찍 짠 소젖을 목장 안의 공방으로 옮겨 그날 안에 손수 만듭니다. 이름 그대로 떡처럼 쫀득쫀득한 치즈입니다.

생으로 즐기는 신선함

물소 한 마리가 생산하는 젖은 하루 12리터 정도로, 소와 비교해서 극단적으로 적습니다. 대신 우유에 포함된 고형분이 높기 때문에 물소젖 100리터로 치즈 24킬로그램 정도를 만들 수 있습니다.

과거 치즈를 상온에서 판매하던 시절에 모차렐라의 생명은 이틀이었지만, 냉장 수송 기술이 발달한 현재는 제조 후 15일이 유효기간입니다. 신선도가 생명인 모차렐라가 먼 일본까지 도달하게 된 것은 보냉과 수송 기술이 비약적으로 발전한 아주 최근의 일로, 신선한 상태로 식탁까지 도달하기 위해서 물에 담아 포장한 경우가 대부분입니다.

프레시 치즈인 모차렐라는 갓 만들었을 때가 가장 맛있기 때문에 가능하면 일주일 이내에 먹어 치우는 것이 좋습니다. 한 번에 먹을 수 없는 경우에는 용기에 넣어 냉장고에 보관하세요.

최근에는 냉동 기술도 진보하여 냉동 수입되는 모차렐라도 흔하고, 가격도 비교적 저렴합니다. 하지만 아무래도 갓 만들어졌을 때가 가장 맛있는 법이지요. 현지에서는 그날 먹을 모차렐라를 사러 그날 아침 치즈 가게에 갑니다. 우리가 저녁 찬거리를 위해 시장에 가서 그날 만든 신선한 두부를 고르는 것과 비슷하겠지요.

맛있는 모차렐라는 단면을 보고 판단할 수 있습니다. 신선한 것은 단면에서 우유가 스며 나옵니다. 표면에 소금물로 문지를 때 만들어진 얇은 피막이 있고, 조직에 약간 탄력이 있는 것이 최고. 절단 부위가 V 자가 되는 것은 손으로 잘게 찢은 것이고, 기계로 만든 것은 一 자가 된다는 점도 분간하는 법 중 하나입니다.

물소젖으로 만든 치즈는 풍미가 풍부해서 생으로 즐기는 일이 많습니다. 실제 현지 레스토랑에서는 어패류의 전채와 파스타를 먹은 후, 메인 요리로 일인당 200그램 정도의 모차렐라가 나오는 경우도 종종 있습니다. 맛보기도 아니고 쟁반에 통째로 말이지요. 모차렐라 하면 바질과 토마토를 넣어 만든 샐러드인 카프레제Caprese가 유명한데, 본고장에서는 흔히 레몬을 짜서 올리브오일과 소금, 후춧가루를 섞어서 즐기곤 합니다.

모차렐라를 맛있게 먹는 다양한 방법

모차렐라에 어울리는 와인은 신선하고 과일 향이 나는 톡 쏘는 화이트와인이나, 향긋한 과일 향의 탄닌이 포함된 레드와인을 꼽을 수 있습니다. 모차렐라는 맛이 담백해서 어떤 와인과도 잘 어울린다고 하지만, 와인의 향이 너무 강하면 자칫 모차렐라의 부드러운 우유 향을 없애기 때문에 산뜻한 화이트와인을 추천합니다. 고향이 같은 이탈리아의 화이트와인 프라스카티 Frascati 등도 근사한 마리아주 mariage가 됩니다. 차갑고 맛있는 와인과 함께 즐겨 보세요.

모차렐라의 부드러운 질감이나 촉촉한 식감을 생각하면 작은 기포가 매력적인 스파클링와인도 잘 어울립니다. 같은 고향끼리의 조합이라면, 모차렐라 디 부팔라 캄파나와 즐기기에 좋은 와인은 역시 캄파니아 주의 와인이겠지요. 같은 지방의 음식은 그 지방 음식과 가장 궁합이 좋다는 점은 어느 곳이나 마찬가지입니다.

저는 사계절 가운데 특히 여름의 찜통더위 속에서 윤이 나고 싱싱한 모차렐라를 즐길 것을 권합니다. 프랑스의 치즈 가게에서도 더운 여름에 모차렐라가 특히 잘 팔린다고 합니다. 커다란 유리그릇에 얼음물을 부어, 그 안에 새하얀 모차렐라를 통째로 띄워서 시원시원하게 늘어놓습니다. 크고 작은 크기의 모차렐라가 다채롭게 섞여 있는 모습은 보기만 해도 즐겁지요.

시원한 모차렐라를 덩어리째 그릇에 놓고 소금, 후춧가루, 레몬즙, 바질 페스토나 올리브오일을 뿌려 좋아하는 맛을 내면서 토마토나 채소와 함께 곁들이는 것도 좋겠군요. 간장이나 된장을 조금 첨가하여 먹는 것도 별미입니다.

모차렐라는 숙성되지 않은 생치즈이기 때문에 향도 신선하고 두부처럼 담백해서, 식욕이 없을 때 딱입니다. 또 치즈 자체의 맛이 단순하고 상큼하기 때문에 다양한 방법으로 좋아하는 맛을 내서 즐길 수 있습니다. 더운 여름 목이 마를 때 모차렐라를 입에 넣고 씹으면 치즈 속살에 포함된 우유가 터지며 청량감이 느껴집니다.

서양식 외에 자기 방식에 맞게 먹는 것도 좋은 방법이지요. 일본에 살고 있는 저는 모차렐라에 깻잎과 가츠오부시를 섞고 생강을 넣은 간장을 풀어서 먹는 것을 즐깁니다. 회를 먹듯이 고추냉이를 푼 간장과 깻잎, 생강 절임을 곁들여 먹어도 좋습니다.

열에 녹는 성질을 살리는 요리도 추천합니다. 샤브샤브를 먹을 때 모차렐라를 슬라이스해서 함께 먹어 보세요. 뜨거운 육수에 살짝 담가 약간 녹았을 때 소스나 깨소금을 묻혀서 먹으면 쫄깃한 식감이 그만이지요.

가장 대중적인 크기는 250그램 정도입니다. '칠리에지'라는 애칭으로 불리는 25~28그램의 체리만 한 것은 손으로 집어 먹기에도 편하고, 작지만 우유의 단맛도 잘 담겨 있으며, 각별한 수분감도 느낄 수 있습니다. 방울토마토와 칠리에지로 간단한 카프레제를 순식간에 만들 수 있지요. 치즈를 바질 페스토로 버무리면 간단하면서도 훌륭한 전채가 되고, 간단하게 모차렐라를 햄으로 싸기만 해도 무척 맛있습니다.

  한입 크기의 모차렐라 위에 흑설탕 녹인 것이나 시럽을 뿌려 '경단 모차렐라'를 만들면 아주 맛있게 드실 수 있습니다. 또 요리를 할 때 감미료의 역할도 충분히 해내는 재료입니다. 이처럼 무궁무진한 모차렐라 먹는 법에 자신만의 색을 더해 보세요.

CHAPTER
6

에
멘
탈

EMMENTALER

- **Milk** 소젖(무살균)
- **Type** 가열압착 치즈
- **District** 스위스 중부에서 북동부 지역
- **Size & Weight** 직경 80~100cm + 높이 16~27cm + 무게 75~120kg
- **Fat percent** 고형분 중의 지방 함량 45% 이상

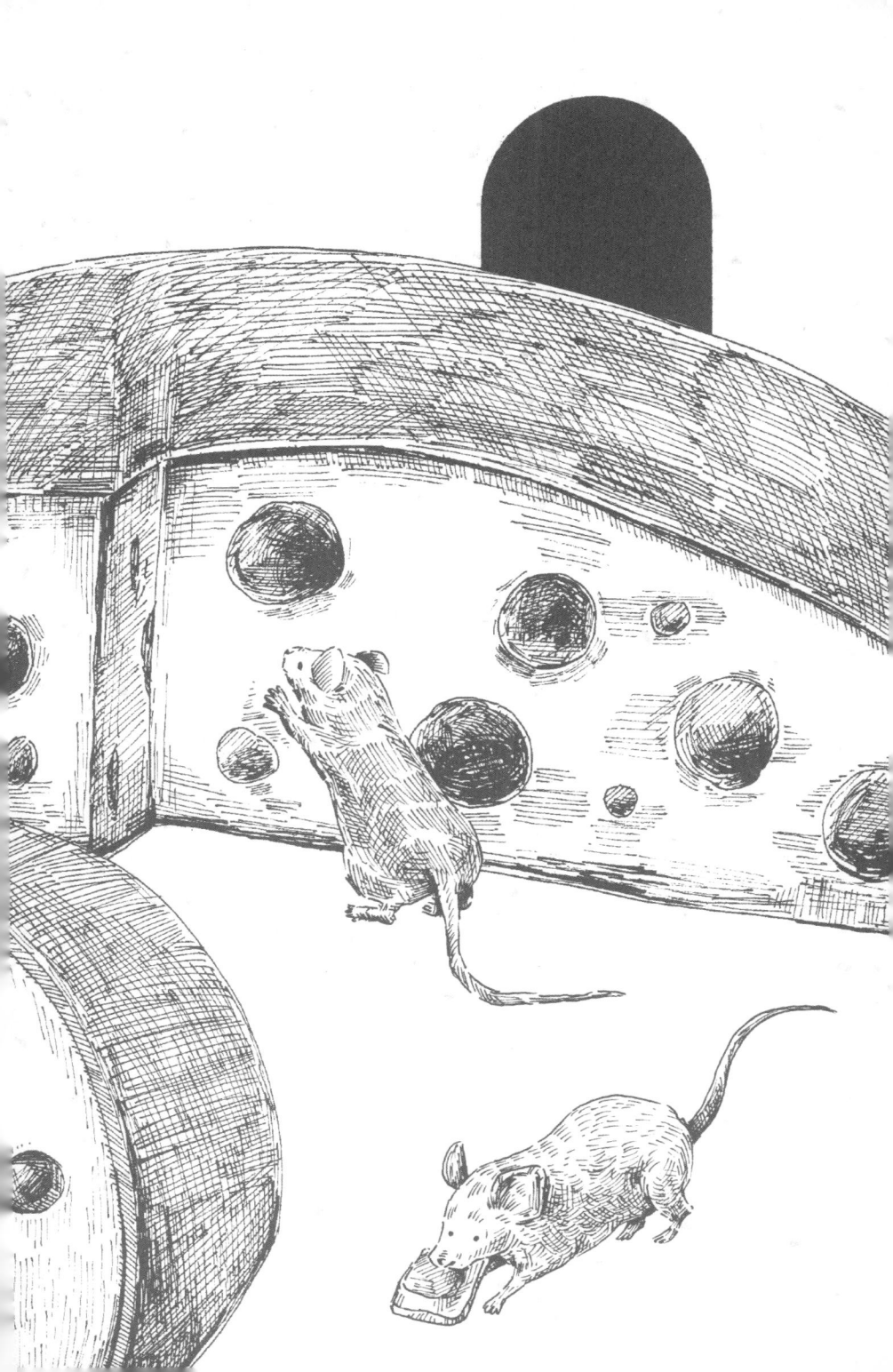

나에게 잘 드는 나이프와 잘 숙성된 치즈를 주시오.
그러면 나는 행복한 사내가 될 테니.
- 조지 R. R. 마틴 -

뽕뽕 구멍 뚫린 치즈를 아시나요

고양이와 쥐를 그린 명작 애니메이션 『톰과 제리』에서 치즈를 좋아하는 쥐 제리와 함께 그려지는 구멍 뚫린 치즈를 아시나요? 만화 속 치즈의 모델이 되었다고 전해지는 것이 바로 스위스 원산의 에멘탈Emmentaler입니다.

만화로 볼 때는 작은 사이즈일 거라고 생각했는데, 알고 보니 직경은 1미터에 달하고, 중량은 무려 100킬로그램, 때로는 120킬로그램이나 되는 거대한 치즈입니다. 똑같은 대형 치즈라고 불리는 스위스의 그뤼에르Gruyère도 직경 70~75센티미터, 평균 중량 40킬로그램 정도이니, 두 개를 비교하면 에멘탈이 얼마나 큰지 알 수 있지요? 그뤼에르를 일반 승용차의 타이어에 비교한다면 에멘탈은 덤프트럭의 타이어 정도라고 할까요.

이렇게 큰 치즈이기 때문에 치즈 매장에 가도 원래 모습을 보는 일은 드물고 잘라서 파는 것이 일반적입니다. 잘라진 면을 보면 알겠지만, 체리에서 호두 크기 정도의 구멍이 내부에 무수히 뚫려 있습니다. 이 구멍을 '치즈 아이cheese eye'라고 부릅니다.

『톰과 제리』에서 구멍 뚫린 치즈를 자주 보아서 익숙해졌기 때문일까, 구멍이 뚫려 있어도 그다지 위화감이 들지는 않습니다. 치즈

가게에서 아이가 구멍 뚫린 치즈를 사 달라고 졸라 대는 모습을 발견하는 일도 종종 있습니다.

프랑스 루아르^{Loire} 지방의 아제르리도$^{Azay-le-Rideau}$ 성 가까이에 있는 와이너리를 방문했을 때, 오너의 손자가 치즈를 좋아한다기에 "어떤 치즈를 좋아해?"라고 묻자 "쥐 치즈!"라고 대답했습니다. "쥐 치즈라니?" 하고 내가 이상하게 생각하자 "에멘탈을 말하는 거예요" 하고 오너의 딸이 가르쳐 주었습니다.

에멘탈은 비교적 맛이 순해 먹기 쉽고, 부드러운 소금 맛과 기분 좋은 신맛이 있어 아이부터 어른까지 폭넓게 즐길 수 있는 치즈입니다. 구멍이 뚫려서 먹을 때 그 안에 손을 넣어 놀기도 하고, 아이들에게는 친근감이 느껴지는 치즈랍니다.

산지는 북서부에 쥐라 산맥, 남부에 알프스 산맥이 치솟은 나라, 스위스입니다. 이곳의 겨울은 혹독함이 상상을 초월하지요. 예부터 이 지역의 사람들은 여름 동안 산에 올라가 소를 방목하고, 신선한 풀을 먹은 소들에게서 짠 우유로 치즈를 만들어 사방이 눈에 갇히는 긴 겨울에 먹을 보존식품으로 준비해 두었습니다. 에멘탈은 이처럼 산으로 둘러싸인 지방에 사는 사람들의 생활의 지혜에서 탄생한 마운틴 치즈입니다.

중세 무렵부터 만들어지던 이 치즈는 시대가 바뀌면서 점차 산악

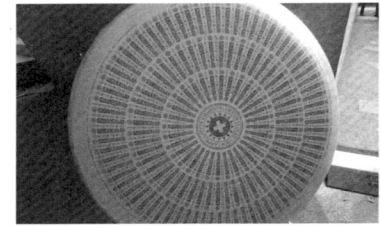

커다란 원형의 치즈 표면 가득히 '에멘탈러'라는 이름이 새겨져 있다. 중앙에 자리한 스위스 국기 모양 주위로 AOC 등록 치즈임을 알려 주는 문구가 쓰여 있다.

스위스를 대표하는 치즈, 에멘탈의 원산지인 베른 주 북동부의 에멘탈 지방.
너른 목초지 너머로 높게 치솟은 쥐라 산맥이 보인다.

지대뿐 아니라 산골짜기의 목초지대에서도 만들어지게 되었습니다. 세계유산으로 유명한 베른^{Bern} 주의 북동부에 있는 에멘탈 지방도 한갓진 목초지가 펼쳐진 지대입니다. '에메^{Emme}'란 스위스의 베른 주를 흐르는 에메 강을 의미하고, '탈^{Tal}'은 산골짜기의 평지를 뜻합니다. 산지인 지방의 이름을 붙여서 이 구멍 뽕뽕 뚫린 치즈를 에멘탈이라고 부르게 된 것이지요.

현재 이 치즈는 에멘탈 지방뿐 아니라 스위스의 중부에서 북동부까지 넓은 범위에서 만들어지고 있습니다. 스위스에는 공용어가 네 개 있습니다. 독일어와 프랑스어, 이탈리아어, 그리고 로망슈어^{Romansh}語인데, 에멘탈은 주로 독일어권에서 제조됩니다. 독일어권에서는 '에멘탈러'라고 부르고 있기 때문에 정확한 명칭을 에멘탈러라고 기재하는 편이 좋을지도 모르지만, 에멘탈이라는 명칭이 좀 더 일반적이기 때문에 이 책에서는 에멘탈이라고 부르겠습니다.

에멘탈에는 왜 구멍이 뚫렸을까

에멘탈의 제조 공정에는 엄격한 규제가 적용됩니다. 우선 소에게 유전자 조작 작물로 만든 사료나 사일리지를 주는 것은 일절 금지되어

사랑을 속삭이는 연인들의 모습을 그린 특별한 라벨이 붙은 에멘탈 치즈. 낭만적인 분위기를 물씬 풍긴다.

있습니다. 거듭 강조했듯이, 제조하는 곳에서 직선거리 30킬로미터 이내에서 착유한 무살균 우유를 사용해야 하고, 착유 후 스물네 시간 이내에 제조를 개시해야 한다고 정해져 있습니다. 그러면 에멘탈을 제조하는 방법에 대해서 살펴볼까요?

❶ 치즈를 만들기 전에 스타터(배양균)로서 유산균과 프로피온산균을 우유에 첨가한다.
❷ 균을 첨가한 우유에 레닛을 넣어 응고시킨다. 피아노선을 팽팽하게 해서 만든 하프 모양의 칼로 응고된 커드를 절단하고, 계속 휘저으면서 52~54도까지 가열한다.
❸ 우유가 충분히 굳어졌을 때 헝겊으로 건져 올려서 성형틀에 넣은 뒤 스무 시간 가까이 강한 압력을 가한다. 성형이 완료되면 식염수에 1~3일 정도 담근 후 건조시킨다.
❹ 이후 숙성에 들어가는데, 이 공정은 2단계로 나누어진다. 우선 19~24도의 고온숙성고에서 1~2개월간 숙성시키고, 이 과정이 끝나면 11~14도의 저온숙성고에서 최저 4개월, 긴 것은 일 년 이상 숙성시킨다.

이러한 제조 과정을 거쳐 최종적으로 숙성이 끝나면 품질 체크를 하고, 검사에 합격한 것만이 에멘탈의 이름을 달고 출하됩니다.

그렇다면 어째서 치즈에 구멍이 뚫리는 것일까요? 비밀은 스타터로 첨가한 프로피온산균에 있습니다. 숙성 1단계에서 에멘탈을 고온숙성고로 옮기면 이 프로피온산균의 활동이 활발해지고, 균이 치즈

스위스치즈어워드에서 만난 다양한 종류의 에멘탈

스위스치즈어워드에서 금상을 수상한 숙성 에멘탈

속의 유산염을 분해하면서 프로피온산, 주산, 탄산가스, 물이 생깁니다. 그리고 이때 발생한 탄산가스가 치즈 밖으로 빠져나가지 못하여 내부에 구멍이 생기는 것입니다.

에멘탈에는 몇 가지 특별 버전이 존재합니다. 가령 동굴 속에서 장기간에 걸쳐서 숙성된 것이나, 《남자 하인 윌리》, 《검은 나비》 등의 작품으로 알려진 에멘탈 지방의 목사 겸 작가인 고트헬프^{Jeremias Gotthelf}의 이름이 붙여진 것 등 다양한 제품이 판매되고 있습니다.

또 스위스의 주변 국가에서도 에멘탈의 이름이 붙은 치즈가 제조되고 있습니다. 독일의 '알고이어 에멘탈러^{Allgäuer Emmentaler}'나 프랑스의 '에망탈 드 사부아^{Emmental de Savoie}' 등인데, 에멘탈의 이름을 단독으로 사용하지는 않고 제조된 지역의 이름을 붙여서 본가와 구별하고 있습니다.

스위스 치즈의 왕 에멘탈, 여왕 그뤼에르

에멘탈은 스위스에서 '치즈의 왕'이라고 불리는데, 반면에 '치즈의 여왕'이라고 불리는 치즈가 있습니다. 바로 그뤼에르입니다.

스위스와 프랑스의 국경에 위치한 알프스 최대의 호수 레만^{Léman}

프랑스에서 만들어지는 에망탈 드 사부아

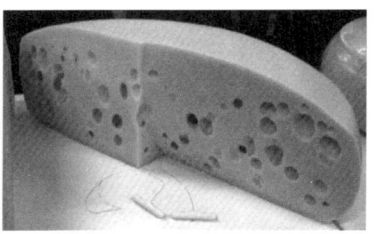
에망탈 드 사부아에도 특유의 구멍이 있다.

호. 이 호수의 북동부에 위치하는 프리부르 Fribourg 주에 있는 그뤼에르 지방은 옛날에 백작령에 속한 도시였습니다. 이 지방에서 생산된 치즈 제조법에 관한 최초의 기술은 1115년 그뤼에르 백작이 승인한 허가장까지 거슬러 올라갑니다. 덕분에 그뤼에르 치즈가 무척 긴 역사를 갖고 있다는 사실을 알 수 있지요.

16세기 백작령이 해체된 뒤 프랑스를 비롯해 다른 나라로 이 치즈가 퍼지면서 '그뤼에르'라는 이름으로 알려지게 되었고, 높이 평가받게 되었습니다. 현재는 프리부르 주 외에도 보 주, 뇌샤텔 주, 쥐라 주 등 스위스 서부의 프랑스어권 지역을 중심으로 광범위하게 만들어지고 있습니다.

그뤼에르는 에멘탈과 같은 원반형의 가열압착 치즈인데, 치즈 아이는 없거나 있더라도 아주 약간 보일 뿐입니다. 맛을 보면 감칠맛이 있고, 견과류의 풍미도 느껴집니다. 그뤼에르 치즈 중에서도 그뤼에르 지방이나 쥐라 지방의 산속 고지대 목장에서 만들어진 치즈는 '그뤼에르 달파쥬 Gruyère d'alpage'라고 하여 특히 귀하게 여깁니다.

에멘탈이나 그뤼에르는 냉장고에 상비해 두면 아주 귀중한 보물입니다. 숙성이 덜 됐을 때는 보들보들한 조직이기 때문에 열에 잘 녹고 풍미도 온화합니다. 슬라이스해서 샌드위치의 재료로 넣거나 잘라서 샐러드에 뿌려도 좋지요.

숙성되면 감칠맛이 응축되고 짠맛도 확실해지기 때문에 조미료 대신 요리의 감칠맛이나 깊이를 내는 데 적합합니다. 가령 그라탱 등에 얇게 썬 에멘탈이나 그뤼에르를 얹어서 오븐에 익히면 매우 맛있게 먹을 수 있습니다.

에멘탈과 그뤼에르를 이용하는 요리 중에 가장 유명하고 대표적인 것은 아마 치즈 퐁뒤Fondue가 아닐까요? 에멘탈과 그뤼에르를 반씩 사용한 스위스 치즈 퐁뒤의 간단 레시피를 소개하겠습니다.

스위스 치즈 퐁뒤

재료(6인분)
에멘탈 300g, 그뤼에르 300g, 옥수수 전분 1큰술, 마늘 1조각, 화이트와인 250cc, 키르슈(체리잼) 1작은술, 육두구nutmeg 약간, 바게트 1개

만드는 법
❶ 바게트는 껍질을 벗기고 한입 크기로 썬다.
❷ 치즈는 잘게 찢어 옥수수 전분을 묻힌다.
❸ 퐁뒤 냄비 안쪽에 반으로 자른 마늘의 단면을 문질러 바르고 화이트와인과 함께 넣는다.
❹ 약한 불에서 데운 냄비에 옥수수 전분을 묻힌 치즈를 세 번에 걸쳐 넣고 나무 주걱으로 천천히 섞어 준 뒤 키르슈와 육두구를 넣는다.
❺ 잘라 둔 바게트를 녹은 치즈에 찍어 먹는다.

치즈 퐁뒤와 다양한 요리법

스위스 현지에서는 치즈 퐁뒤를 먹을 때 그저 빵만 휘감아서 먹습니다. 퐁뒤 전용 빵이 팔리고 있을 정도지요. 빵만 먹으면 질리지 않을까 싶기도 한데요. 대신 식탁에 따로 준비하는 것이 생햄과 이탈리아식 소시지 살라미Salami 등입니다. 거의 반드시라고 해도 좋을 정도로 퐁뒤와 함께 이러한 육가공 식품이 차려지곤 합니다. 이것들은 치즈 퐁뒤의 재료가 아니라 따로 즐길 수 있습니다. 개인적으로는 치즈 퐁뒤를 먹을 때 빵 이외에 새우나 소시지, 삶은 채소를 준비해서 다양하게 먹는 것을 추천합니다.

한편 퐁뒤에 차가운 맥주는 금물. 꽤 많은 양의 치즈를 먹기 때문에, 차가운 맥주가 위에 들어가면 금세 치즈가 굳어서 소화불량을 일으키고 맙니다. 퐁뒤에는 통상 화이트와인을 곁들여서 먹는데, 레드와인도 맛있게 먹을 수 있는 조합이 됩니다. 하나 독특한 팁을 드리자면, 데친 연근을 함께 준비하면 연근의 탄닌이 퐁뒤나 와인과 잘 어울려 의외의 궁합을 자랑합니다.

먹는 도중에 치즈 퐁뒤의 맛을 바꾸고 싶으면 기름에 튀긴 버섯과 베이컨을 넣어서 버섯 퐁뒤로, 혹은 으깬 송로버섯을 넣어서 호화롭게 송로버섯 풍미로 먹는 것도 괜찮습니다. 혹은 순한 고르곤졸라 돌

스위스 현지에서는 치즈 퐁뒤에 빵만 찍어 먹는다.

체 같은 푸른곰팡이 치즈를 첨가해서 독특한 풍미로 먹는 것도 재밌습니다. 토마토 페이스트를 넣어서 이탈리아풍으로 즐기는 것도 좋겠네요. 일본에서는 발견하기 힘들지 모르지만, 본고장 스위스의 프리부르 주에 있는 퐁뒤 레스토랑에 갔을 때 다양한 맛의 퐁뒤 메뉴를 보고 깜짝 놀랐습니다.

에멘탈은 매우 순한 치즈라서 햄이나 달걀, 치즈를 곁들여 간단한 아침 식사를 만들 때에도 빼놓을 수 없는 재료입니다. 슬라이스해서 샌드위치에 끼워 먹어도 맛있고, 핫샌드위치를 만들면 치즈가 사르르 녹아서 맛있습니다. 달걀, 우유에 고기, 채소, 치즈 등을 섞어 만든 파이의 일종인 키쉬quiche의 토핑으로 올리거나 양파 그라탱 수프에 토핑하는 등 다양한 요리에 애용하는 치즈입니다.

색다르게 맛보고 싶다면 에멘탈 된장 절임은 어떨까요? 자른 에멘탈을 기호에 따라 된장에 절여 보세요. 각자의 입맛에 따라 후추나 고춧가루, 산초 열매 등을 첨가해 독특한 풍미를 더해 주어도 좋겠지요. 이렇게 만든 에멘탈 된장 절임은 일본 술이나 소주의 안주로 안성맞춤입니다. 물론 흰밥에 먹어도 맛있습니다. 구운 주먹밥의 재료로 하면 된장의 풍미도 향기롭게 드실 수 있습니다.

이 외에 매운 음식에도 추천합니다. 카레나 김치 전골 등에 에멘탈을 토핑하면 매운맛이 순해져서 더욱 맛있어집니다.

'산의 치즈'의 최고봉은 여름의 고산에서 태어난다

에멘탈로 대표되는 '마운틴 치즈'는 스위스뿐 아니라 프랑스, 이탈리아, 독일 등 각국에서 만들어집니다. 가령 알프스 산맥 북쪽의 프랑스 지역에서는 '보포르Beaufort'라는, 평균 40킬로그램의 대형 치즈가 생산되고 있습니다. 원통형인 치즈의 옆면이 안쪽으로 살짝 휘어 들어가 독특한 모양을 하고 있는 이 치즈는 여름 동안 특히 표고 1,500미터 이상의 고지대에서 방목된 소들의 젖으로 만들어 맛이 풍부하고 각별합니다.

현지의 치즈 가게에 가면 보포르 중에서도 '보포르 데테Beaufort d'Été, 여름의 보포르'라는 치즈를 발견할 수 있는데, 이것은 여름 동안 제조된 보포르라는 의미입니다. 규정으로는 6월 1일에서 10월 31일 사이에 만들어진 치즈를 보포르 데테로 인정합니다. 또 '샬레 달파즈Chalet d'Alpage, 여름 목장의 오두막'라는 표시는 전통적인 방법에 따라 표고 1,500미터 이상의 고지에서 방목된 소들로부터 짜낸 젖으로 만든 치즈를 가리키는 것으로, 알아 두면 치즈를 구입할 때 좋은 기준이 됩니다.

샬레 달파즈에서 '알파즈Alpage'는 산악 고지, 특히 알프스 산맥의 여름철 방목이나 여름 목장을 말합니다. 알프스 산악지대에는 지금도 짧은 여름을 이용한 고지 목장이라는 목축 형태가 남아 있어 알

보포르 치즈를 만들기 위해 큰 냄비에서 우유를 휘젓고 있다.

프스의 여름에 만든 귀중한 치즈를 즐길 수가 있는 것입니다. 이 계절감도 치즈의 특별한 묘미입니다.

알프스의 북쪽 프랑스에서 보포르가 만들어지는 반면, 반대쪽 알프스 이남의 이탈리아 지역에서는 '폰티나Fontina'라는 8~18킬로그램 정도의 원반형 반경질 치즈를 생산하고 있습니다. 이 치즈는 몽블랑Mont Blanc, 마터호른Matterhorn, 몬테로사Monte Rosa 등 4천 미터 급의 높은 산들을 감싼 발레다오스타Valle d'Aosta 주의 아오스타 계곡에서 만들어지는데, 특히 알프스에 소를 방목하는 6월 15일부터 9월 29일까지 약 100일 동안 만들어진 것을 최고로 꼽습니다.

또 '라스케라Raschera'라는 8~10킬로그램가량의 끝이 둥근 사각형 모양의 치즈도 있습니다. 라스케라의 경우도 표고 900미터 이상의 지대에서 만들어진 것은 '라스케라 달페지오Raschera d'Alpeggio, 여름 목장의 라스케라'라고 특별히 구분하고 있습니다. 또한 라스케라를 표시하는 대문자 R 마크의 가운데 부분에 소문자 'a'를 표시하여 평지에서 만들어진 것과 구별하고 있습니다.

CHAPTER 7

파르미지아노 레지아노

PARMIGIANO REGGIANO

- Milk 소젖(무살균/부분 탈지)
- Type 가열압착 치즈
- District 이탈리아 에밀리아로마냐 주 모데나 + 레지오에밀리아 + 파르마
    + 볼로냐 + 롬바르디아 주 만토바
- Size & Weight 직경 35~45cm + 높이 18~24cm + 무게 24kg 이상 무제한
- Fat percent 고형분 중의 지방 함량 32% 이상

여기 당신의 와인과 치즈가 있다.
이제 아무것도 잘못될 일은 없다.
— 리처드 메스너 —

파르미지아노 레지아노의 고향

파르미지아노 레지아노Parmigiano Reggiano는 이탈리아가 자랑하는 대표적인 치즈입니다. 큰북 모양에 중량이 40킬로그램이나 되는 대형 치즈로, 씹는 맛이 매력적인 장기 숙성형 경질 치즈입니다.

우선 파르미지아노 레지아노의 고향에 대해서 살펴볼까요? 흔히 이탈리아가 장화 모양을 하고 있다고 하지요. 이러한 이탈리아의 최북단에 표고 4천 미터 급의 알프스 산맥이 자리하고 있습니다. 그 산기슭에서 발원하여 이탈리아 동쪽 아드리아 해까지 흐르는 강이 이탈리아에서 가장 긴 포Po 강입니다. 그리고 포 강을 따라 비옥한 파다나Padana 평원이 펼쳐져 있습니다. 포 강 유역의 평야 부근은 비옥한 곡창지대로, 논이나 옥수수밭이 광활하게 펼쳐진 지역입니다. 기후는 비교적 온난하고, 강수량이 많아 초록이 풍부합니다.

파르미지아노 레지아노가 만들어지는 곳은 바로 이곳, 파다나 평원에 위치한 에밀리아로마냐 주의 파르마Parma 현, 모데나Modena 현, 레지오에밀리아Reggio Emilia 현과 볼로냐Bologna 현의 일부, 그리고 롬바르디아 주 만토바Mantova 현의 일부 지역입니다.

치즈의 이름은 가공하지 않은 햄으로 유명한 파르마와 레지오에밀리아에서 비롯되어 '파르미지아노 레지아노'라고 일컬어집니다.

하지만 옛날부터 '우리 마을에 우리 치즈'라고 말할 정도로 자신들의 치즈에 대한 애착이 깊은 덕분에 파르마에서는 '파르미지아노'라고 부르고, 레지오에밀리아에서는 '레지아노'라고 부르고 있습니다.

하나 덧붙이자면, 파르미지아노 레지아노는 흔히 '파르메산Parmesan'이라고 부르는 분말 치즈의 어원이 된 치즈입니다. 파르메산은 미국으로 이민을 온 이탈리아인들이 만들어 상품화한 파르미지아노 레지아노풍의 분말 치즈로, 사실 본고장 이탈리아의 파르미지아노 레지아노와는 전혀 다른 치즈입니다.

일본이나 한국에서는 이탈리아의 파르미지아노 레지아노보다 미국에서 만든 분말 치즈 파르메산이 널리 알려져 있기 때문에 파르미지아노 레지아노보다 파르메산 치즈라고 부르기 쉽지만, 누가 뭐래도 원조는 파르미지아노 레지아노 쪽입니다.

파르미지아노 레지아노의 표피는 조직이 매우 단단하고, 그 위에 'PARMIGIANO-REGGIANO'라는 문자가 새겨져 있습니다. 껍질은 무광택의 적갈색을 띠고 있는 반면, 치즈 내부는 살짝 황색이 도는 크림색으로, 알맹이 모양의 섬세한 조직으로 되어 있습니다. 이를 흔히 '그라나grana, 알갱이 상태'라고 하는데, 절단된 면을 보면 흰색으로 결정화된 부분이 촘촘하게 흩어져 있는 것을 확인할 수 있습니다. 이 결정은 우유의 단백질이 분해되어 아미노산이 되고, 다시 그 아미노산이 결정화된 것입니다. 이러한 결정은 파르미지아노 레지아노와 같은 장기 숙성 치즈에서 많이 보이는 특징입니다.

파르미지아노 레지아노의 향은 발효 버터, 말린 파인애플, 견과류 등의 향과 닮았습니다. 꽉 깨물어 먹으면 응축된 감칠맛이 느껴지고, 적당한 신맛과 소금기도 담고 있으며, 균형 잡힌 맛과 여운이 길게 느껴집니다.

크게, 점점 더 크게 – 거대한 치즈의 탄생

파르미지아노 레지아노의 역사를 조금 살펴보겠습니다. 1장의 페코리노 로마노에서 이야기했듯이 이탈리아의 치즈 역사는 기원전까지 거슬러 갈 수 있습니다. 현재의 파다나 평원에서도 먼 옛날 산양이나 양 등을 길러 치즈를 만들었습니다.

13세기 무렵 베네딕트 파의 수도승들은 소를 길러 우유를 얻었는데, 우유를 좀 더 오랫동안 보존할 수 있는 방법을 찾게 되었습니다. 이로 인해 장기 보관에 적당한 파르미지아노 레지아노 같은 대형 경질 치즈가 만들어지게 된 것이지요. 14세기에 작성된 기록에는 제노바선 승객들이 항해를 할 때 반드시 이 치즈를 휴대했다고 전해지기도 합니다. 또 비슷한 시기에 이탈리아의 작가 보카치오의 소설《데카메론》에도 이 치즈가 등장하는데, 궁극의 진수성찬은 '파르마 치즈를 뿌린 파스타'라고 묘사되어 있습니다.

처음 파르미지아노 레지아노가 만들어질 당시에는 무게가 8킬로그램 정도였는데, 낙농 기술이 발달하고 대형 치즈가 인기를 끌면서 파르미지아노 레지아노 역시 점점 커졌습니다. 15세기에는 13킬로그램, 19세기에는 25킬로그램이 되었고, 현재는 평균 40킬로그램 정도까지 커졌으니 처음과 비교하면 다섯 배까지 늘어난 셈입니다.

커다란 파르미지아노 레지아노를 생산한 파다나 평원 지역에는 원료인 우유를 대량으로 얻을 수 있는 환경, 부패 방지를 위해 소금을 치즈의 내부까지 균등하게 배어들게 하는 기술, 장기 숙성 타입의 치즈를 만드는 기술 등 큰 치즈를 만들기 위한 최적의 조건이 갖춰져 있었겠지요.

전통의 붉은 소 vs. 새로운 스타 흰 소

파르미지아노 레지아노의 원유를 생산하는 소의 대부분은 유량이 많고 세계적으로 널리 사육되는 프리지언(홀스타인) 종과, 유질이 좋

크기와 무게 제한이 없는 파르미지아노 레지아노는 보통 40킬로그램 정도로 생산되는 커다란 치즈이다.

은 브루나 알피나(브라운 스위스) 종입니다. 그리고 이 2종류에 더해져서 최근 주목받고 있는 것이 본고장에서 전통적으로 키워 온 '붉은 소' 레지아나 종입니다. 이탈리아어로는 바케 로세 ^(Vacche Rosse, 붉은 소)라고 합니다.

레지아나 종은 우유의 질은 좋지만 유량이 적은 탓에 감소하는 추세였습니다. 멸종 위기에 처했던 레지아나 종을 보호하고 키우기 위해서 '붉은 소 협회'가 설립되었고, 이러한 노력의 일환으로 레지아나 종의 우유로 만든 파르미지아노 레지아노에 협회 공인의 '짐차를 끄는 두 마리의 붉은 소' 상표를 붙여 판매하게 되었습니다. 오늘날 레지아나 우유로 만든 치즈는 '파르미지아노 레지아노의 롤스로이스'라고 불리며 고가로 판매되고 있습니다.

이 외에 모데나 현의 전통 소인 흰 털의 모데네제 종 역시 근래에 와서 주목을 받고 있습니다. 붉은 소 바케 로세와 비교하여 '흰 소'라는 뜻으로 바카 비앙카 ^(Vacca Bianca)라고 부릅니다.

흰 소만 가지고 만드는 파르미지아노 레지아노 생산자는 모데나 현에서 단 두 곳입니다. 생산량은 아주 적지만, 유기농 인증도 받고 전통 방식대로 파르미지아노 레지아노를 만들기 때문에 좋은 평가를 받고 있습니다. 모데나 현의 파르미지아노 레지아노 생산자들은 파르마 현이나 레지오에밀리아 현의 생산자들과 달리 본고장의 이

그라나 상태의 알갱이들이 보이는 파르미지아노 레지아노의 단면

름을 파르미지아노 레지아노라는 치즈에 표현할 수 없어서 '안타까워할지도 모르겠네요.

피에몬테Piemonte 주의 토리노Torino에 가까운 브라Bra 마을에서 슬로푸드협회 주최로 홀수 해 9월 하순에 개최되는 치즈 축제에서는, 수년 전부터 파르미지아노 레지아노의 '붉은 소 vs. 흰 소'라는 주제의 세미나도 열리고 있습니다. 2가지 치즈가 어떻게 다른지 비교하며 먹는 것도 재밌겠네요.

어느 종류의 소에게나 목초나 알팔파 등의 식물성 사료만 제공하도록 되어 있고, 사일리지나 발효한 사료를 주는 것은 엄격히 금지되어 있습니다.

파르미지아노 레지아노는 모두 쌍둥이

아침저녁 하루 두 번 짠 무살균유가 파르미지아노 레지아노의 원료가 되는데, 원유는 착유하고 두 시간 이내에 치즈 제조소에 도착해야 합니다. 파르미지아노 레지아노 한 개를 만드는 데 우유 550리터가 필요한데요. 한 개의 치즈용 냄비(카세타)로 한 번에 대량으로 치즈를 만드는 일이 금지되어 있기 때문에 파르미지아노 레지아노는

1,100리터짜리 구리 냄비로 한 번에 두 개씩 제조합니다. 즉, 파르미지아노 레지아노는 어느 것이나 반드시 쌍둥이가 되는 셈이지요. 제조장에 1,100리터의 거대한 냄비가 쭉 늘어서 있는 모습은 그야말로 압권입니다.

이탈리아 말로 치즈를 만드는 장인을 카사로^{Casaro}라고 합니다. 그러면 카사로들이 파르미지아노 레지아노를 만드는 방법에 대해 살펴볼까요?

❶ 저녁에 도착한 우유를 평평한 용기에 넣어 하룻밤 재우고, 다음 날 아침 표면에 뜬 유지방분을 제거한다.
❷ 부분 탈지한 우유를 밑이 절구통처럼 된 역원추형 구리 냄비에 넣고 아침에 짠 전유를 첨가한다.
❸ 우유를 휘저으면서 냄비를 데운다. 발효를 촉진하기 위해, 전날 치즈를 만들었을 때 생긴 유청을 더해 준다.
❹ 막대기 끝에 원형 망을 설치한 도구인 스피노^{Spino}를 이용해 응고한 커드를 휘젓듯이 해서 쌀알 크기로 자른다. 조각난 커드는 수분이 빠지면서 수축하기 시작하여 구리 냄비가 58도 정도까지 가열되면 점점 더 수분이 배출된다. 그 후 커드 알맹이를 냄비 밑에 가라앉히고 유청의 반을 제거한다.
❺ 침전된 커드 덩어리를 큰 삼베로 건져서 두 개로 절단하고, 각각 삼베에 싸서 구리 냄비에 매달아 수분을 제거한다.
❻ 성형틀에 삼베를 넣고 무거운 돌을 얹어 밤낮으로 보관한다. 다시 스테인리스 틀에 옮겨 넣고 며칠에 걸쳐 모양을 만든다.

한 개의 냄비에서 두 개씩 만들어지는 쌍둥이 치즈, 파르미지아노 레지아노

❼ 치즈의 측면에 'PARMIGIANO-REGGIANO'의 점문자, 제조연월, 제조자번호가 기록된 띠를 둘러 각인한다. 이 각인은 치즈의 측면 전체에 붙여지기 때문에, 나중에 절단해서 작은 덩어리가 되더라도 확인할 수 있다. 이 각인을 통해 이것이 진짜 파르미지아노 레지아노라는 사실을 알 수 있다.

❽ 틀에서 떼어 내어 살라모이아Salamoia라 부르는 소금물에 푹 담근 채 3~4주 정도 절인다. 염분이 치즈 전체에 스며들게 하는 이 가염 방법은 브라인brine 법이라고 부르는데, 치즈에 직접 소금을 뿌리는 건염법과 비교하면 보다 적은 양으로 큰 치즈에 균등하게 염분이 스며들게 할 수 있다. 소금을 첨가해서 치즈에 풍미를 주고, 잡균이 번식하면서 발생하는 부패를 방지할 수 있다.

❾ 가염 처리를 마친 치즈를 제조소의 숙성고에서 최저 12개월 동안 숙성시킨다. 한 번 더 장기 숙성시키기 위해 전문 업자에게 보내는 경우도 있다.

    파르미지아노 레지아노는 제조 과정에서 여러 부산물이 생깁니다. 가령 첫 번째 공정에서 우유를 하룻밤 재우고 나서 다음 날 아침에 제거한 유지방을 이용해 버터나 마스카르포네 치즈를 만듭니다.

    네 번째 공정에서 배출된 유청은 다음 날 치즈를 만들 때 스타터로 첨가하거나 돼지 사료로 쓰기도 합니다. 이 유청을 먹은 돼지(유청 돼지)로 그 유명한 파르마 햄이나 살라미를 만듭니다. 유청에는 면역력을 높이는 기능성 물질이 많이 포함되어 있기 때문에 유청을 먹은 돼지는 매우 건강하게 자라고, 털의 윤기나 육질이 무척 좋습니다. 파르미지아노 레지아노와 파르마 햄은 확실히 맛있는 관계로 맺어져 있다고 할 수 있겠지요.

새장같이 생긴 원형의 커드 절단기, 스피노

'PARMIGIANO-REGGIANO'의 점문자를 각인하기 위한 띠

유청은 리코타 치즈의 원료로도 사용됩니다. 5장 모차렐라 편에서 설명한 리코타는 '두 번 익혔다'라는 의미의 프레시 치즈입니다. 유청을 가열하면 열로 굳어진 단백질이 순두부처럼 떠오르는데, 그것을 망으로 건진 뒤 물기를 빼면 리코타 치즈가 됩니다. 유당에 의해 생기는 미묘한 단맛이 특징이며, 잼이나 꿀을 발라서 그대로 먹거나, 요리나 과자를 만드는 데 이용하기도 합니다.

치즈를 담보로 돈을 빌린다

오랜 시간과 정성을 들여 완성된 파르미지아노 레지아노는 숙성사에 의해서 숙성하는 시간을 맞이합니다. 온도 18~20도, 습도 80~85퍼센트를 유지하는 숙성실에서 숙성사는 정성껏 치즈의 표면을 닦고, 위아래로 뒤집고, 손질하면서 최저 일 년간 숙성시킵니다.

가장 일반적인 것은 2년 숙성시킨 것이지만, 3년이나 4년 숙성된 것, 심지어 5년 이상 숙성시킨 파르미지아노 레지아노도 있습니다. 이렇게 장기간 숙성되는 동안 단단한 표피가 형성되고 감칠맛도 응축되어 풍미가 좋은 파르미지아노 레지아노가 완성됩니다.

파르미지아노 레지아노의 가치를 알 수 있는 단적인 예가 있는데

숙성고에서 익어 가는 파르미지아노 레지아노

요. 치즈 생산자는 숙성 중인 파르미지아노 레지아노를 담보로 돈을 빌릴 수가 있습니다. 치즈를 담보로 융자를 받다니 대단하지요. 파르미지아노 레지아노용 숙성고가 있는 은행에서는 전문 숙성사가 치즈의 숙성 정도를 관리합니다. 치즈가 담보가 된다는 점에서 이탈리아 식문화의 심오함을 느낍니다. 때로 파르미지아노 레지아노가 장기 숙성을 거치며 가격이 올라가면 투기의 대상이 되기도 한다니, 이 치즈가 이탈리아에서 얼마나 높은 가치가 있는지 잘 알 수 있습니다.

융자의 담보가 되고 투기의 대상이 될 정도로 귀중하게 여기는 파르미지아노 레지아노이기 때문에 그 품질은 그야말로 엄격하게 지켜지고 있습니다. 파르미지아노 레지아노 협회에서는 숙성 기간 중에 엄격한 검사를 시행합니다.

검사는 12개월 숙성 시점에서 이루어지는데, 장인이 전용 도구를 이용해 치즈를 하나하나 꼼꼼하게 살펴봅니다. 우선 '마르텔로 martello'라고 부르는 망치로 치즈를 두드려서 소리를 듣고 균열이 없는지 내부 상태를 확인합니다. 다음으로 '아고 ago'라고 하는 나사 같은 막대기를 치즈에 찔러서 향을 맡고, 이어서 마르텔로와 똑같은 모양을 한 좀 더 작은 망치인 '타셀로 tassello'를 치즈에 찔러서 속을 꺼내어 향, 맛, 숙성도 등을 체크합니다. 그야말로 오감을 살려서 치즈를 검사하는 것이지요. 현재는 아고에 의한 검사는 폐지되었는데, 이

파르미지아노 레지아노가 숙성 12개월을 맞이하는 시점에서 치즈의 검사가 이루어진다. 장인은 특별한 도구를 이용해 치즈의 맛과 향, 소리를 통해 치즈의 숙성도와 품질을 체크한다.

3가지 기구는 오랫동안 검사 장인의 도구로 사용되었습니다.

검사에서 불합격 판정을 받은 치즈는 파르미지아노 레지아노로서 부적격한 것으로, 측면의 'PARMIGIANO-REGGIANO' 문자가 떼어지고, 파르미지아노 레지아노라고 부를 수 없게 됩니다.

검사에 합격한 치즈는 파르미지아노 레지아노로서 인정받고 타원형의 소인이 찍힙니다. 소인에는 'Parmigiano Reggiano Consorzio Tutela(파르미지아노 레지아노 협회 보호)'라는 문자와 생산연월이 기록되어 있습니다. 그리고 곧바로 판매되는 치즈와 좀 더 숙성되는 치즈라는 두 코스로 나눠집니다.

즉시 판매되는 치즈는 18개월 숙성시킨 단계에서 생산자의 희망에 따라 검사가 실행됩니다. 합격한 파르미지아노 레지아노에는 'EXTRA'나 'EXPORT'의 소인이 찍혀 우수한 품질이 보증됩니다.

2007년부터는 치즈의 숙성도를 표시하는 스티커를 붙이기 시작했습니다. 18개월 이상 숙성된 것에는 붉은색, 22개월 이상 숙성된 것에는 은색, 그리고 30개월 이상 숙성된 것에는 금색 스티커를 붙이고 있습니다. 치즈를 조각이나 가루 형태로 판매하는 경우에는 진짜 파르미지아노 레지아노라는 사실을 증명하기 위해서 포장에 협회 마크가 부착됩니다.

더욱이 제조 이력과 유통 과정을 실시간으로 파악할 수 있는 트레

파르미지아노 레지아노 협회 보호 소인

품질이 우수한 치즈에 찍히는 'EXTRA' 소인

파르미지아노 레지아노 협회 마크

이스어빌리티 traceability 시스템을 완벽히 구축하여, 언제 어떤 제조소에서 어느 구리 냄비로 만들어진 것인지, 우유는 언제 어디에서 짠 것인지, 젖소는 어떤 사료를 먹었는지 세세하게 확인할 수가 있습니다. 이는 치즈 제조 공정에서 각각의 파르미지아노 레지아노에 부착한 카제인 플레이트 덕분입니다.

전통적인 제조법이 계승되고 있는 파르미지아노 레지아노는 소를 키우는 사람부터 우유를 짜는 사람, 원유를 이용해 치즈를 만드는 사람, 치즈를 숙성시키는 사람에 이르기까지, 많은 사람들의 협력에 의해 오랜 역사와 전통, 품질이 지켜지고 있습니다.

팔방미인 파르미지아노 레지아노를 맛있게 먹는 법

이탈리아 치즈의 특징을 이야기하자면 치즈 그대로 먹는 것 외에 요리에도 광범위하게 이용한다는 사실을 꼽을 수 있습니다. 특히 파르미지아노 레지아노는 이탈리아의 식재료와 궁합이 잘 맞습니다. 장기 숙성에 의해 감칠맛이 응축되어 짠맛도 안정되어 있기 때문에 술안주뿐 아니라 슬라이스하거나 분말로 내서 요리의 풍미를 살리기도 하고, 조미료 대신 사용해도 제 역할을 톡톡히 해냅니다. 실로 '우

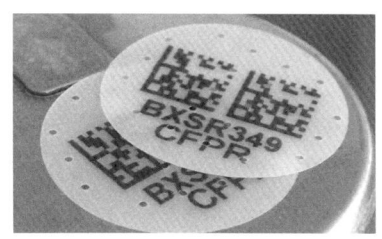

치즈의 ID라고 할 수 있는 카제인 플레이트는 우유의 단백질로 만든다.

유로 만든 조미료'라고도 말할 수 있겠지요. 보존성도 뛰어나기 때문에 냉장고에 상비해 두면 매우 유용한 치즈입니다.

치즈 자체로 즐기기에도 손색이 없습니다. 우선 한입 뜯어 씹으면 훌륭한 풍미의 감칠맛을 마음껏 즐길 수 있습니다. 또 본고장 모데나 현의 명물인 숙성된 발사믹을 묻혀 먹는 것도 좋은 궁합입니다. 모데나 현의 발사믹 식초는 밤나무, 벚나무 등 여러 종류의 나무통을 사용하여 숙성시켜 매우 복잡하고 긴 여운을 가진 풍미를 자랑하는데, 감칠맛이 뛰어나 파르미지아노 레지아노의 숙성된 풍미와 무척 잘 어울립니다. 여기에 엑스트라버진 올리브오일을 조금 뿌리면 풍미가 한층 살아나니 기회가 된다면 시도해 보세요.

숙성이 덜 된 파르미지아노 레지아노는 사과나 포도 등 신선한 과일과도 잘 어울리고, 숙성된 것은 건포도나 무화과 등 말린 과일이나 아몬드, 호두 같은 견과류와 잘 어울립니다. 치즈를 얇게 슬라이스한 것은 입에서 녹는 맛도 좋고, 샐러드나 카르파초 Carpaccio 등에 뿌리면 보기에도 화려하고 맛도 깊어집니다.

강판에 간 분말 파르미지아노 레지아노는 파스타, 리조토, 수프 등의 요리를 완성하는 데 주로 사용합니다. 또 강판에 간 치즈를 코팅이 된 프라이팬에 구우면 파삭파삭한 치즈 전병이 됩니다. 이렇게 갈아서 사용할 때는 직전에 치즈를 갈아야 풍미가 잘 살아 있고 맛도 좋습니다.

독특하게도 파르미지아노 레지아노는 표피 부분도 먹을 수 있습니다. 표피를 잘 닦아서 잘게 자른 뒤 수프나 스튜, 카레에 넣고 끓이면 깊고 진한 맛을 낼 수 있지요.

마실 것과의 궁합에서는, 덜 숙성된 파르미지아노 레지아노라면 다소 쌉쌀한 화이트와인이나 과일 맛이 나는 달콤한 레드와인이 잘 어울립니다. 같은 고향 출신이라는 이유로 궁합이 잘 맞아 특히 추천하는 것이 레지오에밀리아 현에서 만든 약발포성 와인 람브루스코 레지아노^{Lambrusco Reggiano}입니다.

숙성된 파르미지아노라면 그 맛에 질 수 없는 풀바디 레드와인이나 포르투갈의 포트와인 등 다소 도수가 있는 와인이 잘 맞습니다. 숙성이 긴 것은 브랜디나 소주 등 알코올 도수가 높은 증류주와 궁합이 좋겠지요. 이탈리아에는 포도를 짜고 남은 찌꺼기를 원료로 만든 그라파^{Grappa}라는 투명한 증류주도 있습니다.

애피타이저 와인으로 추천한다면, 얼음을 넣은 유리잔에 화이트 포트와 토닉워터를 일대일 분량으로 섞고 슬라이스한 레몬을 넣어 만든 포트토닉 칵테일을 소개하고 싶습니다. 여기에 적당히 자른 파르미지아노 레지아노를 안주로 내면 상큼한 조합이 됩니다.

파르미지아노 레지아노를 맛있게 보관하는 법

가열압착 치즈인 파르미지아노 레지아노는 진공팩으로 포장된 상태라면 장기간 냉장고에서 보관할 수 있습니다. 이미 개봉한 것이나 잘라서 파는 것은, 건조해지거나 다른 식품의 냄새가 배지 않도록 겉을 감싸서 냉장고에 넣어 두면 풍미를 해치지 않고 품질을 보존할 수 있습니다.

다만 비닐 재질의 랩은 때로 랩 자체의 냄새가 치즈에 스며들 가능성이 있기 때문에, 제품을 포장하고 있던 진공팩의 필름을 버리지 말고 그것으로 먼저 치즈를 싼 뒤 그 위에 랩을 덮도록 합니다. 제품으로 출시할 때 사용하는 진공팩은 냄새가 없는 우수한 재질이기 때문에 일반적인 랩보다 훨씬 좋습니다.

치즈 표면에 곰팡이가 생겼더라도 빨리 그 부분만 긁어내면 향이나 풍미를 해치는 일은 없습니다. 냉동 보관은 맛을 상하게 만들기 때문에 그다지 바람직하지는 않지만, 조미료 대용으로 사용하기 위해 분말 상태로 만든 것이라면 냉동도 괜찮습니다.

파르미지아노 레지아노는 영양 면에서도 뛰어납니다. 칼슘 함유량이 매우 높고 소화·흡수되기 쉬운 양질의 단백질과 비타민 A, B2, B12 등이 많이 포함되어 있습니다. 이탈리아에서는 아기나 성장기의

진공팩으로 포장된 파르미지아노 레지아노

아동, 고령자에게도 좋은 영양보조식품으로 인정받고 있습니다. 단, 식이섬유와 비타민 C는 부족하기 때문에, 이를 보충하기 위해 채소나 과일을 곁들여 먹으면 더욱 좋겠지요.

장기 숙성한 파르미지아노 레지아노는 제조·숙성 단계에서 우유에 포함되어 있던 유당이 없어지기 때문에 우유를 먹으면 소화가 잘 안 되고 속이 부글부글 안 좋은 분들도 안심하고 먹을 수 있는 유제품입니다.

파르미지아노 레지아노는 자르지 않고 '연다'

자, 그럼 여기에서 하나 질문을 해 볼까요? 크고 단단한 표피의 파르미지아노 레지아노를 어떻게 절단하는지 알고 계시나요? 해적의 머리가 꽂혀 있는 나무통 옆면에 단검을 찌르다가 '정답'인 곳을 찌르면 해적의 머리가 튀어나오게 되는 게임이 있습니다. 혹시 해 보신 적 있나요? 파르미지아노 레지아노를 절단하는 과정은 이 게임에서 나무통에 단검을 찔러 가는 것과 비슷합니다.

우선 약 7밀리미터나 되는 두껍고 단단한 표피를 자르기 위해서 갈고랑이가 달린 칼로 그 두께만큼 한 바퀴 휙 자릅니다. 그리고 그

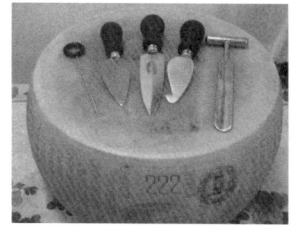 

파르미지아노 레지아노를 검사하는 전용 도구인 마르텔로와 커트용 나이프를 올려놓은 모습(왼쪽)과, 파르미지아노 레지아노를 여는 모습(오른쪽)

선을 따라 아몬드 모양의 칼을 찔러 넣었다가 빼고, 뒤집어서 다시 찔렀다가 빼는 일을 반복합니다. 그렇게 여러 차례 치즈의 몸체를 찌르고 나면 커다란 파르미지아노 레지아노가 멋들어지게 반으로 갈라집니다. 그 후 똑같이 4분의 1, 8분의 1로 나누면서 각각 약 1킬로그램의 덩어리가 될 때까지 절단합니다.

이렇게 파르미지아노 레지아노를 반으로 자르는 것을 이탈리아에서는 '자른다'라고 말하지 않고 '연다'라고 표현합니다. 그리고 절단 전문가도 있다고 합니다.

'커팅 쇼'에서 40킬로그램이나 되는 커다란 파르미지아노 레지아노가 열리는 순간은 볼 때마다 인상적입니다. 치즈가 열리며 오랜 숙성에서 눈뜬, 말린 파인애플 같은 기분 좋은 향기가 대회장에 확 퍼지면 나도 모르게 마음이 빼앗깁니다.

치즈는 갓 잘랐을 때 가장 아름답고 향도 화려합니다. 파르미지아노 레지아노도 예외 없이 막 열었을 때 풍미가 가장 좋고 조직도 촉촉합니다. 커팅 쇼에서 막 열린 파르미지아노 레지아노를 시식할 때면 모두 갓 자른 치즈의 맛에 매료되고 맙니다. 그러다 보면 어느 틈에 대회장이 경매장이라도 된 것처럼 치즈들이 부리나케 팔려나가지요.

그라나 파다노 – 파르미지아노 레지아노의 라이벌

파르미지아노 레지아노와 많이 닮은 치즈가 있습니다. 이탈리아 북부에서 만들어지는 그라나 파다노Grana Padano입니다. 파르미지아노 레지아노와 겉모습도, 맛도 많이 닮았습니다.

사실은 파르미지아노 레지아노와 그라나 파다노는 명칭이나 산지를 둘러싸고 오랫동안 분쟁이 있었습니다. 이것을 설명하기 전에 이탈리아의 원산지 호칭에 대해서 잠깐 언급하겠습니다.

유럽 사람들은 자신들의 문화나 산물에 커다란 긍지를 가지고 있기 때문에 일찍이 특산물의 독창성과 고유성을 지키려는 움직임이 있었습니다. 이탈리아에서는 1955년에 원산지 통제 명칭, DOC Denominazione di Origine Controllata가 제정되었습니다. 그리고 파르미지아노 레지아노는 DOC가 제정된 그해 등록되어 인정을 받았습니다.

이 제도는 프랑스의 AOC와 똑같이 정부 기관이 지방의 전통적인 특산물의 품질을 인정하는 것입니다. 원료, 생산 지역, 제조 방법, 숙성기간 등이 법률에 의해 상세하게 규정되어 산지 위장이나 열악한 상품이 판매되는 것을 방지하려는 것이지요.

1992년, EU는 이미 시행되고 있던 프랑스의 AOC나 이탈리아의 DOC를 토대로 새로운 품질 보증 시스템을 도입했습니다. 그에 따라 DOC는 DOP$^{\text{Denominazione di Origine Protetta}}$로 변경되었습니다. 현재 이탈리아의 원산지 통제 명칭 제도는 각각의 치즈 보호 협회에 의해서 엄밀하게 관리되고 있습니다.

다시 그라나 파다노로 돌아가지요. 그라나 파다노란 '파다나 평원에서 만들어지는 그라나'라는 의미입니다. 파르미지아노 레지아노의 단면에 대해 이야기하면서 언급했던 그라나는 '알갱이'라는 의미로, 약해서 부서지기 쉬운 결정 조직의 치즈를 말합니다.

파르미지아노 레지아노와는 태생도 같고 성격도 비슷하다 보니 명칭이나 산지를 둘러싸고 오랜 분쟁이 반복되었는데요. 1955년 그라나 파다노가 DOC를 취득할 때 생산 지역과 제조 방법이 명확하게 규정되면서 오랫동안 이어진 치즈 전쟁이 끝나고, 2가지 치즈는 분명하게 구분되었습니다.

우선 생산 지역을 살펴보면 그라나 파다노의 생산 지역이 파르미지아노 레지아노보다 광범위해서 피에몬테 주에서 베네토^{Veneto} 주에 걸쳐 5개 주에 퍼져 있습니다. 치즈의 원료와 제조법에서도 차이를 보이는데, 파르미지아노 레지아노는 하룻밤 재운 우유와 당일 아침에 갓 짠 우유를 섞어서 만들기 때문에 하루에 한 번밖에 제조할 수 없지만, 그라나 파다노는 당일 짠 우유를 부분 탈지해서 만들기 때문에 하루에 두 번 제조할 수 있습니다. 또한 파르미지아노 레지아노는 통상 2년 이상 숙성시키지만, 그라나 파다노는 9개월에서 2년 정도 숙성시키기 때문에 적당한 감칠맛과 좋은 느낌을 유지하면서도 은은한 맛이 납니다.

그라나 파다노는 파르미지아노 레지아노보다 가격이 조금 저렴해서 '부엌의 파트너'라고 불리며 보다 친숙한 치즈입니다.

전 세계 팬이 함께하는 파르미지아노 레지아노 나이트

2012년 5월, 이탈리아 동북부를 강타한 두 차례의 대지진으로 당시 포 강 유역에 자리한 치즈 제조소 대부분이 크나큰 피해를 입었습니다. 숙성 중이던 치즈가 선반에서 떨어지는 등 60만 개 이상의 파르미지아노 레지아노와 그라나 파다노가 상품 가치를 잃었습니다. 이렇게 망가진 치즈들은 싼 가격에 판매하거나 가공치즈의 재료로 처분해야 했지요. 예상치 못한 재난을 당한 생산자들의 심정을 생각하면 무척 마음이 아픕니다.

이탈리아의 레지오에밀리아에 있는 파르미지아노 레지아노 치즈협회^{CFPR}는 2012년부터 '파르미지아노 레지아노 나이트'의 날을 지정하여 축제를 열었습니다. 이 행사는 파르미지아노 레지아노를 사용한 요리를 만들고, 그 추억이나 사진을 협회의 페이스북을 통해 나누는 활동입니다. 축제를 맞아 이탈리아 전 지역을 비롯해 세계에서 3만 명이나 되는 사람들이 파르미지아노 레지아노 요리를 즐기는 모습을 온라인상으로 나누며 축제에 참가했다고 하니, 대단하지요? 지진으로 피해를 입은 생산자들을 위로하는 동시에 파르미지아노 레지아노를 널리 전파하는 뜻 깊은 행사였습니다.

첫해인 2012년은 10월 27일에, 다음 해인 2013년은 11월 30일에 행사가 진행되었는데, 2013년에는 일본에도 이 활동이 소개되었습니다. 제가 주재하는 치즈 교실에서도 파르미지아노 레지아노 나이트를 개최하였는데, 이때의 테마는 '스마트 쿠킹'이었습니다. 가정에 흔히 있는 재료로 간단하게 파르미지아노 레지아노를 이용한 요리를 만들어 보고 즐기자는 취지였지요. 간단한 요리와 와인을 함께 나누고, 그 후 사진을 협회의 페이스북에 투고하기도 하며, 온라인으로 세계의 애호가들과 추억을 나눌 수 있었습니다.

각국의 파르미지아노 레지아노 팬들에 의해 점점 더 널리 퍼져 갈 파르미지아노 레지아노 나이트. 앞으로도 무척 기대됩니다.

샤비뇰
CHAVIGNOL

- **Milk** 산양젖
- **Type** 셰브르 치즈
- **District** 프랑스 셰르 + 루아르 + 니에브르
- **Size & Weight** 직경 4~5cm + 높이 3~4cm + 무게 60g 이상
- **Fat percent** 고형분 중의 지방 함량 45% 이상

인생은 살 만한 것이다.
치즈는 그것을 더 좋게 만든다.
− 애버리 에임스 −

이슬람교도가 남겨 두고 떠난 선물, 산양

치즈는 원료가 되는 우유의 종류에 따라서 그 개성이나 특징에 차이가 있는데, 역사적으로 가장 오래된 치즈는 산양젖으로 만들었다는 설이 있습니다. 산양 치즈는 특유의 풍미로 인해 아시아 쪽에서는 호불호가 갈리는 경향이 있지만, 프랑스에서는 남녀노소 가리지 않고 폭넓게 즐기고 있습니다.

치즈는 프레시, 흰곰팡이, 푸른곰팡이, 워시, 가열압착, 비가열압착 등 몇 가지 타입으로 나눠지는데, 산양유로 만들어진 치즈는 셰브르chèvre로 뭉뚱그려 분류하는 것이 일반적입니다. '셰브르'라는 말은 프랑스어로 암산양을 가리킵니다.

셰브르의 종류가 풍부한 프랑스에서는 각지에서 셰브르 치즈를 만들고 있는데, 특히 산양 치즈의 명산지로 루아르Loire 지방이 유명합니다. 이곳은 프랑스의 중심부에서 대서양으로 흘러 들어가는 루아르 강 유역 일대로, 강 주변에 유명한 성이 여러 곳 남아 있어 프랑스 중에서도 경치가 빼어난 곳으로 알려져 있습니다.

'프랑스의 정원'이라는 별명을 가진 이 지역은 다양한 종류의 와인 산지로도 유명합니다. 비옥한 토지를 기반으로 레드와인과 화이트와인, 로제와인을 비롯해 스파클링와인이나 스위트와인에 이르기까지 다양한 종류의 와인을 산출하고 있습니다.

루아르 지방 외에는 프로방스Provence를 비롯해서 남프랑스에서도 셰브르가 많이 생산되고 있습니다.

그렇다면 왜 루아르 지방에서 산양 치즈를 많이 생산하는 걸까요? 그 이유를 살펴보려면 8세기까지 역사를 거슬러 올라가야 합니다. 당시 서유럽을 지배하고 있던 세력은 프랑크왕국이었는데, 왕권이 약해진 틈을 타 이슬람 세력이 프랑크왕국을 침공해 왔습니다. 중세의 유럽인들은 이슬람교도들을 사라센Saracen이라고 불렀는데, 사라센들이 프랑스 남부 스페인 국경지대의 피레네 산맥을 넘어 북상하자 732년 프랑크왕국은 루아르 지방의 투르Tours와 푸아티에Poitier에서 이슬람 세력과 교전을 벌입니다. 이것이 세계사에서 유명한 투르-푸아티에 전투입니다.

이슬람교도들은 원정 중에 음식물을 확보하기 위해서 많은 산양을 몰고 다녔고, 군인 중에 산양을 돌보고 치즈를 만드는 담당자가 따로 있었다고 전해집니다. 왜 소나 양이 아니라 산양을 데리고 갔을까 궁금해할지도 모르겠네요. 사실 소는 몸집도 크고 대량의 목초지가 필요해서 원정에는 그다지 적합하지 않습니다. 양의 경우에는 고기가 산양보다 맛있을지 모르지만, 젖은 고형분의 함량이 높아 꿀꺽꿀꺽 마시기가 어렵습니다. 그에 비해 산양젖은 단백질과 지방의 분자가 작고 매우 담백해서 충분히 소젖 대용이 됩니다. 또 번식력이 강해 원정 도중에 새끼를 낳은 어미에게서 젖을 얻을 수 있습니다. 아침저녁으로 젖을 얻을 수 있으니 음료 확보에 유리했겠지요.

 음료로 마시고 남은 산양유는 발효시켜 요거트로 만들기도 하고, 물을 빼낸 뒤 프레시 치즈로 먹기도 했습니다. 게다가 소금을 쳐서 건조시킨 치즈는 장기 보관이 가능하고 휴대도 편리해, 이동하면서 쉽게 먹을 수 있는 음식이 되었습니다. 때로는 산양을 잡아 고기를 먹기도 했지요.

 산양은 이렇게 다양한 방법으로 젖과 고기를 이용할 수 있는데다가 척박한 환경에도 잘 적응하고 잡식성이라 먹이를 주는 것도 편리했습니다. 그야말로 긴 원정에 안성맞춤인 가축이었던 것이죠.

 몇 차례 전투가 이어지며 수세에 몰린 이슬람교도들은 전쟁에 이길 가능성이 낮다고 판단하고 결국 후퇴를 하게 됩니다. 하지만 그때 자신들이 끌고 왔던 산양을 모두 데리고 갈 수가 없어서 그곳에 두고 떠났다고 합니다. 인간에게 친숙한 산양의 입장에서 보자면 자신들을 키우는 사람이 이슬람교도인지, 그 고장의 크리스트교도인지는 별로 중요하지 않았겠지요. 사라센들이 남겨 둔 산양은 '아랍의 선물'이라고도 불리며 루아르 지역에 정착했습니다. 그 후 산양들은 계속 번식했고, 그 결과 루아르 지방에 많이 살아가게 되었습니다. 오

루아르 강 유역에 위치한 베리 지방의 인기 관광지 발랑세 성

늘날 루아르 지방에서 산양젖으로 만든 셰브르 치즈가 생산되는 것은 이 때문입니다.

봄에서 가을까지, 산양 치즈의 제철

산양은 일 년에 한 번 1월에서 3월 사이에 출산을 합니다. 따라서 초봄에서 늦여름까지 착유량이 늘어나는데, 한 마리가 하루 평균 3리터나 되는 젖을 만들어 냅니다. 산양의 출산 시기와 수유 시기에 맞춰 산양젖 치즈인 셰브르의 제철도 봄에서 가을까지가 됩니다.

   예전과 달리 오늘날에는 일 년 내내 셰브르를 만날 수 있는데요. 사육 방법의 발달로 산양의 출산 시기를 인위적으로 조절하거나 인공수정을 하기도 하고, 커드를 냉동하는 근대적인 제조 방법도 개발되었기 때문입니다. 덕분에 치즈 가게에서는 항시 셰브르를 진열할 수 있게 되었지요.

   하지만 아무리 기술이 발전했다고 해도 역시 봄에 싹트는 신선하고 싱싱한 풀을 먹은 산양의 젖은 겨울에 건초를 먹은 산양의 것과 비교하면 유질부터 차이가 납니다. 셰브르는 크기가 작은 것이 많고 숙성 기간도 짧아서 갓 만든 신선한 상태부터 바로 즐길 수 있기 때문에, 유질이 좋아지는 초봄에서 가을까지가 가장 맛있는 제철이라고 할 수 있겠지요. 프랑스에는 '산양 치즈는 부활절(춘분 후 첫 보름 직후의 일요일)에서 만성절(11월 1일)까지'라는 전통적인 표현이 있을 정도입니다.

산양젖은 소젖과 비교하면 단백질이나 지방 입자의 크기가 작고 가느다란 것이 특징입니다. 따라서 소화가 잘되고 몸에 쉽게 흡수되어 옛날에는 모유 대신 산양젖으로 아기를 키우는 일도 있었습니다. 최근에도 아이들이 먹는 분유의 재료로 산양젖이 사용되지요. 산양젖은 음료로도 인기가 높아서 세계적으로 살펴보면 우유보다 산양유를 먹는 사람이 더 많다고 합니다. 단지 산양젖은 대형 치즈를 만드는 데는 적합하지 않기 때문에 대부분 손바닥에 올려놓을 정도의 작은 사이즈로 만들게 되었습니다.

셰브르로 시작해서 셰브르로 끝난다

셰브르를 맛보는 즐거움으로 독특한 형태를 빼놓을 수 없는데요. 셰브르는 생산자나 지역에 따라서 모양이 퍽이나 다양해서 먹는 사람의 눈을 즐겁게 해 줍니다. 가령 루아르 지방의 셰브르만 살펴보아

왕성한 식욕을 자랑하는 새끼 산양

프랑스 남부의 산양 농가에서 만난 새끼 산양

도 속살의 한가운데를 밀짚 한 가닥이 가로지르고 있는 모습이 이색적인 생트모르 드 투렌Sainte Maure de Touraine이나, '에펠탑'이라는 애칭대로 파리의 에펠탑 모양을 한 풀리니 생 피에르Pouligny Saint Pierre, 만두처럼 생긴 크로탱 드 샤비뇰Crottin de Chavignol, 윗부분을 자른 피라미드 모양의 발랑세Valencay 등 그 형상이 다채롭습니다.

독특하게 치즈 표면에 포플러나무의 숯가루를 묻히는 제품도 있습니다. 생트모르 드 투렌이나 발랑세, 산지의 마을 이름에서 명칭이 유래한 셀 쉬르 셰르Selles-sur-Cher 등이 대표적인데요. 이는 치즈의 신맛을 누그러뜨리고 습기를 흡수하는 효과가 있기 때문입니다. 이처럼 셰브르는 여러 형태가 있고 맛도 각기 다르기 때문에 비교해서 먹어 보는 것도 재밌습니다.

앞에서도 말했듯이 일본이나 한국에서는 일반적으로 산양 치즈에 대해 거부감을 드러내는 사람들이 많습니다. 아무래도 특유의 냄새가 강하기 때문인데요. 하지만 이상하게도 프랑스에서는 숙성이 덜 된 셰브르에 대해 맛이 담백하고 가장 성질이 없는 치즈라고 평가하곤 합니다.

갓 만든 무가염 셰브르는 아기의 이유식 대용으로도 흔하게 사용되는데, 이유식을 뗀 뒤에도 담백한 맛 덕분에 성장기의 아이들에게 좋은 영양분이 되곤 합니다. 어린아이부터 나이가 든 어른에 이르기

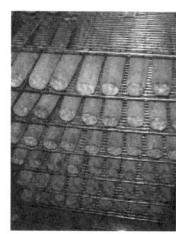 

치즈의 중앙을 밀짚이 가로지르고 있는 생트모르 드 투렌(왼쪽)과 윗부분을 잘라 낸 피라미드 모양의 발랑세(오른쪽)

까지 폭넓게 사랑받는 셰브르. 때문에 프랑스에는 '(프랑스인의 인생은) 셰브르로 시작해서 셰브르로 끝난다'라는 말이 있을 정도입니다.

숙성 단계에 따라 다채로운 풍미를 맛볼 수 있다

프랑스에서는 길거리에서 채소 가게나 생선 가게, 정육점과 마찬가지로 치즈 가게를 쉽게 만날 수 있습니다. 치즈를 전문으로 하는 상점이지요. 최근에는 프랑스에서도 대형 마트나 슈퍼마켓에서 물건을 사는 사람들이 많아졌는데, 이러한 대형 슈퍼마켓이라 할지라도 치즈 코너는 대량생산된 치즈를 쭉 진열해 놓는 방식이 아닌, 전문점원을 배치하여 고객을 응대하도록 한 곳이 많습니다. 그래서 손님이 치즈 전문점에서처럼 점원과 직접 대화를 하면서 치즈를 고를 수 있습니다. 이처럼 전문 점원이 있는 곳에서 셰브르를 살 때 반드시 물어보는 질문이 바로 '어느 숙성 단계의 치즈인가?' 하는 점입니다. 즉 같은 셰브르라도 숙성 단계에 따라서 풍미가 다르기 때문에 기호나 용도에 따라서 구입하는 치즈가 다르다는 것입니다.

간단히 구분하자면 셰브르는 다음과 같은 숙성 단계가 있습니다.

- 막 물을 뺀 신선한 것으로, 소금을 첨가하지 않은 상태
- 성형틀에서 꺼내 소금만 첨가한 상태
- 표면에 숯가루를 골고루 바른 상태
- 표면이 마르면서 자연적으로 표피가 형성된 상태
- 숙성이 진행되면서 수분이 날아가고 크기가 작아져 감칠맛이 나오는 상태
- 표면에 푸른곰팡이가 약간 끼기 시작한 상태
- 표면이 전체적으로 푸른곰팡이로 뒤덮여 기분 좋게 톡 쏘는 풍미가 느껴지는 상태
- 까슬까슬해질 때까지 건조시킨 상태

이 외에 최근에는 전문점을 중심으로, 너무 건조시키지 않은 크림 타입의 제품이 인기를 모으고 있습니다.

신선한 셰브르는 수분을 포함하고 있어 촉촉하기 때문에, 고를 때 조직이 물러지지 않고 잘 여물어 있는지 확인해야 합니다. 반면 숙성이 진행되고 있는 셰브르의 경우는 표피가 적당히 건조해서 마른 상태가 균일하고, 전체적인 모양이 일그러진 곳 없이 매끈한 것을 고르는 게 좋습니다.

구입한 셰브르를 보관할 때 온도나 습도 역시 주의를 기울여야 합니다. 포장지 등으로 치즈를 하나씩 싼 뒤 용기에 넣어서 5~8도의 냉장고에서 보관하는 것이 좋습니다. 습도가 너무 높은 곳에 보관하거나 랩에 싼 채로 물크러지게 두면 셰브르 특유의 냄새가 빠져나가기 때문에, 적당히 건조시키면서 조직이 뭉개지지 않도록 하는 것이

중요합니다.

냉장고에서 막 꺼낸 치즈를 먹으면, 특히 숙성을 거친 치즈는 쓴맛과 아린 맛이 두드러지는 경우가 종종 있습니다. 또 좋지 못한 냄새가 배어 있기도 하지요. 그러니 실온에서 30분에서 한 시간가량 휴지시켜야 치즈 본연의 맛과 풍미가 열려 보다 맛있게 즐길 수가 있습니다.

크로탱 드 샤비뇰 – 산양 치즈의 대표 주자

지금까지 산양젖 치즈 '셰브르'에 대해 전반적인 이야기를 나누었습니다. 이제부터는 그 셰브르 중에서도 대표 치즈라고 할 수 있는 '크로탱 드 샤비뇰'을 자세히 살펴보겠습니다.

프랑스에는 '한 마을에 1가지 치즈'라고 일컬을 정도로 많은 치즈가 존재하는데, '크로탱 드 샤비뇰'은 바로 '샤비뇰 마을의 크로탱 치즈'라는 의미입니다. 샤비뇰 마을은 루아르 강 중류 지역, 화이트와인 '상세르 Sancerre'의 생산지에 자리한 작은 마을입니다. 1573년 프랑스의 목사였던 장 드 레리 Jean de Léry가 쓴 책에는 이 지역에서 산양 사육이 번성했다고 쓰여 있어, 그 당시부터 현재와 같은 치즈가 존재했던 것을 짐작게 합니다. 또 1829년에 작성된 '셰브르 통계'라는 자료에는, '산양젖은 버터에는 적합하지 않지만 이를 사용해서 매우 맛있는 치즈를 만든다'라는 기록도 남아 있습니다.

'크로탱'의 이름은 14세기 무렵 역사에 처음 등장했고, 이후 19세기에 들어서면서 샤비뇰 마을과 그 주변에서 만들어진 치즈만을 '크로탱 드 샤비뇰'이라고 규정하고 다른 지역의 치즈와 구별하게 되었습니다. 겉모습이 점토로 만들어진 커피잔 모양의 램프인 '크로^{Crot}'와 닮았다는 점에서 이 치즈의 이름이 유래되었다고 합니다. 다른 한편으로는 말이나 양 등의 '똥'이라는 의미도 있고, 아득한 옛날 이 크로탱을 몇 개월이나 방치해 둔 결과 치즈의 표면이 검은 곰팡이로 뒤덮여서 이렇게 불리게 되었다는 설도 있습니다.

먹이를 그다지 가리지 않는 산양은 종종 포도 재배를 하는 농가의 여성이 기르곤 했습니다. 산양젖과 산양젖 치즈는 일상적인 농가의 식생활에 좋은 단백질 보충원이 되었고, 또 그것을 팔아서 가계 수입에 일부 보탬이 되기도 했습니다.

1800년대 후반, 포도뿌리진드기가 프랑스의 와인용 포도밭을 습격했습니다. 이로 인해 포도 재배를 계속할 수 없게 되자 사람들은 포도밭을 목초지로 바꾸었고, 이 지역에서 산양 유업을 하는 곳이 확대되었던 것입니다.

루아르 강의 동쪽 끝자락에 자리한 상세르 지역은 최고급 드라이 화이트와인 '상세르'의 산지로 유명하다. 그리고 상세르의 심장이라 불리는 샤비뇰 마을에서 셰브르의 대표주자 '크로탱 드 샤비뇰'이 태어났다.

이후 20세기에 들어서자 치즈 숙성사라고 불리는 사람들이 나타나 농가에서 만든 치즈를 수집하게 되고, 철도 등 교통망의 발달과 더불어 크로탱 드 샤비뇰도 큰 시장이나 파리 근교까지 수송되어 널리 세간에 알려지게 되었습니다.

커드, 절임, 숙성 – 여러 요소가 품질을 결정한다

크로탱 드 샤비뇰은 1976년 프랑스 AOC에 등록되어 현재 AOP에 등록되어 있는 치즈입니다. 산양의 전유로 만들며, 작은 원통 모양에 중량은 60그램 정도, 가장자리는 약간 둥그스름한 형태를 하고 있습니다. 표피는 얇고 부드러우며, 대부분 흰색으로 군데군데 푸른곰팡이가 끼어 있기도 합니다. 속살은 하얗거나 연한 크림색으로 매끄럽고 눈이 촘촘합니다.

 미리 물을 빼고 나서 성형틀에 넣는 제조법을 쓰기 때문에, 다른 셰브르에 비해서 숙성이 얼마 안 됐을 때부터 쫀득한 식감을 즐길 수 있습니다. 이후 숙성이 진행될수록 크기가 작아지면서 표면에 주름이 생기고 좀 더 단단하게 굳어집니다. 식감은 입안에서 씹는 맛이 느껴진다기보다 외려 말랑말랑한 편이지요.

치즈의 원유로는 원래 털이 갈색인 알파인Alpine 종의 산양젖을 사용하라고 되어 있지만, 새하얀 자넨Saanen 종의 산양젖도 사용합니다. 품질이 좋은 치즈를 생산하기 위해서는 좋은 환경에서 사육된 산양을 갖추는 것이 중요합니다.

전통적인 크로탱 드 샤비뇰을 만드는 법은 다음과 같습니다.

❶ 산양젖을 짠 후 유산균을 이용해 발효시킨다. 보조적으로 응유효소를 사용해서 1~2일에 걸쳐 응고시키며 커드를 만든다.
❷ 삼베 등을 이용해서 커드의 수분을 제거한다. 용기에 넣기 전에 물을 빼는 이 작업은 크로탱 드 샤비뇰만의 독특한 방법이다. 커드에서 수분을 제거하는 이 단계가 치즈의 특징을 결정한다.
❸ 국자를 사용해서 유청 배출용 용기에 커드를 담는다. 구멍이 뚫린 소쿠리처럼 생긴 이 용기는 페셀faisselle이라고 하는데, 치즈의 물기를 빼는 전용 그릇이다. 페셀에 담은 커드는 뒤집어서 물을 뺀 후 꺼내어 소금에 절인다. 이 소금 절임 작업은 크로탱 드 샤비뇰의 완성에 큰 영향을 미치는 중요한 공정이다.
❹ 이렇게 얻어진 신선한 상태의 치즈를 건조시켜서 숙성실에서 최소 10일간 숙성시킨다. 개중에는 3개월 정도 숙성시키는 것도 있다.
❺ 치즈가 숙성되면서 치즈 껍질의 곰팡이 상태와 풍미를 완성한다.

크로탱 드 샤비뇰은 응고와 수분 제거, 소금 절임, 숙성 등 손이 많이 가는 공정 단계를 거치며 만들어집니다. 이 치즈가 '인내와 세심한 배려를 필요로 하는 치즈'라고 불리는 이유입니다.

커드를 담아 수분을 제거하는 용기인 페셀. 구멍이 뚫려 있어 그 사이로 물기가 빠져나간다 (왼쪽).

선반에서 건조 중인 크로탱 드 샤비뇰(오른쪽).

크로탱 드 샤비뇰은 숙성 단계마다 즐기는 방법이 다양하고, 개인의 기호나 먹는 방법, 요리법 등 용도에 따라서 알맞은 치즈를 골라 먹는 재미가 있습니다. 짧게는 12일 동안 숙성한 것부터 길게는 2개월 이상 숙성한 것까지, 숙성 전문 업자의 손으로 제작되는 7~8단계의 맛을 즐길 수가 있습니다.

각 숙성 단계에 따른 주요 특징을 한번 살펴볼까요?

- 데미 섹(demi sec, 12일 숙성)
  치즈 전체가 자연스러운 표피로 뒤덮여 부드럽고 순한 신맛이 특징이다.
- 쿠드레(coudrè, 18일 숙성)
  표면이 살짝 건조해지면서 전체가 새하얀 가루를 뿌린 듯한 모습이다.
- 블뢰테(bleutè, 21일 숙성)
  치즈 표면에 군데군데 어렴풋이 푸른곰팡이가 끼어 섬세한 맛을 자아낸다.
- 블뢰 므왈레(bleu moelleux, 5주 숙성)
  치즈에서 버섯과 풀의 향이 배어난다. 수분이 많이 날아가면서 호두나 헤이즐넛의 향도 느껴진다.
- 블뢰 섹(bleu sec, 6~8주 숙성)
  표면이 더욱 건조해지고, 전체적으로 블뢰 므왈레보다 단단하다.
- 블뢰 트레 섹(bleu très sec, 2개월 이상 숙성)
  2개월 이상 지나면 다시 한 번 수분이 빠지면서 보다 조직이 더 단단해진다. 입 안에 넣으면 응축된 감칠맛이 퍼진다.

크기가 작은 크로탱 드 샤비뇰은 숙성 기간이 그리 길지 않은데, 기간에 따라 각기 다른 풍미를 맛볼 수 있다.

· 르파세(repassè, 단지에 넣어 숙성)
5주 이상 숙성시킨 크로탱 드 샤비뇰을 단지에 넣어 두면 식감이 부드러워지고 숙성에 의해 향이 강해진다. 크로탱 드 샤비뇰의 진정한 애호가들이 사랑하는 독특한 치즈.

크로탱 드 샤비뇰은 숙성이 진행될수록 수분이 증발하기 때문에, 처음에는 135그램 정도이던 것이 숙성할수록 점점 줄어들어 규정된 최저 중량인 60그램까지 감소합니다. 또 크기가 작아지는 것과 비례하여 조직은 더욱 단단해집니다. 그 때문에 크로탱 드 샤비뇰을 절단하는 전용 칼이 시판되기도 합니다.

여기에서 잠깐, 치즈를 절단하는 기본적인 방법에 대해서 조금 설명하겠습니다. 치즈는 겉과 속의 숙성 정도가 다르기 때문에, 숙성 상태가 골고루 퍼지도록 절단하는 것이 중요합니다. 레스토랑 등에서 치즈를 방사형이나 부채꼴로 잘라서 서비스하는 것도 이러한 이유입니다. 다만 숙성된 크로탱 드 샤비뇰은 상당히 단단하니 우선 반으로 자른 다음 다시 작게 자르는 것이 좋겠지요.

단지에 넣어 숙성하는 독특한
르파세 샤비뇰

샐러드, 코코트, 그라탱 – 크로탱 드 샤비뇰을 맛있게 먹는 방법

숙성이 덜 된 셰브르를 먹을 때 산딸기와 같은 새콤달콤한 과일을 첨가하면, 치즈의 밝은 색과 베리 계열의 빨간색이 어울려서 보기에도 예쁘고, 신맛과 상승효과를 일으켜 맛도 한층 좋아집니다. 또 허브와의 궁합도 좋기 때문에 부추와 실파의 중간쯤 되는 시블레트ciboulette, 산파를 잘게 썰어 셰브르에 묻힌 뒤 엑스트라버진 올리브오일을 뿌려 먹는 것도 추천합니다.

치즈는 흔히 메인 요리 뒤에 후식으로 즐기는 것으로 인식되는 경향이 있는데요, 크로탱 드 샤비뇰은 또 하나 색다르게 즐기는 방법이 있습니다. 바로 '따뜻한 셰브르 샐러드'입니다. 이 요리는 식사 전에 식욕을 돋우기 위해 마시는 술인 아페리티프Aperitif와 함께 맛보는 것이 일반적인데, 지금은 프랑스뿐 아니라 세계 곳곳의 여러 레스토랑에서 쉽게 만날 수 있습니다. 이 요리에서 사용되는 셰브르가 바로 크로탱 드 샤비뇰입니다.

예전 파리 16구에 '포주롱Faugeron'이라는 이름의, 미슐랭 별 두 개가 반짝이는 레스토랑이 있었습니다. 이 레스토랑의 셰프인 앙리 포주롱 씨는 1980년에 '크로탱 드 샤비뇰 로티Crottin de Chavignol Roti'라는 요리를 고안해서 순식간에 파리 미식가들의 주목을 받았습니다. 셰

샤비뇰 마을의 레스토랑에서 만난 여러 숙성 단계의 크로탱 드 샤비뇰

브르를 오븐에 굽는 참신한 아이디어를 바탕으로 태어난 이 요리는 비교적 숙성이 덜 된 촉촉한 크로탱 드 샤비뇰을 수평으로 잘라서 빵 위에 얹고 노릇노릇하게 구워 낸 뒤 신선한 채소와 함께 쟁반에 보기 좋게 담은 것입니다. 맛을 보면 샐러드의 상큼한 신맛에 셰브르의 풍미가 어울려 여름철 점심 식사의 전채로 딱입니다. 화이트와인과 함께 즐기면 더없이 행복한 순간을 만끽할 수 있습니다.

그 외에 크로탱 드 샤비뇰을 사용한 요리는 프랑스에서 매우 대중적입니다. 가령 '크로탱 드 샤비뇰 코코트 Crottin de Chavignol Cocotte'는 단기 숙성한 데미 섹의 크로탱 드 샤비뇰을 뚜껑 달린 전용 코코트에 넣고 오븐에서 뜨겁게 가열하여 바게트와 먹는 간단한 요리입니다. 코코트 cocotte는 내열성의 작은 냄비를 가리킵니다. 이 음식은 앞에서 소개한 따뜻한 셰브르 샐러드와는 반대로, 차가운 겨울날에 먹으면 몸이 따뜻해져서 기분이 좋아집니다.

크로탱 드 샤비뇰을 그라탱 요리에 이용해도 궁합이 좋습니다. '샤비뇨레트 Chavignolette'는 얇게 썬 감자에 데미 섹의 크로탱 드 샤비뇰과 양파나 베이컨을 곁들여서 오븐에서 구워 그라탱 식으로 완성한 요리입니다.

뚜껑이 달린 크로탱 드 샤비뇰 전용 코코트

와인과 치즈의 구르메 마을

치즈에 지지 않을 정도로 많은 와인이 산출되는 나라가 바로 프랑스입니다. 크로탱 드 샤비뇰이 생산되는 지역에서도 목초가 잘 자라는 평야지대에서는 산양을 길러 치즈를 만들지만, 볕이 좋은 경사면이나 배수가 잘되는 메마른 토지에는 온통 포도밭이 펼쳐져 있습니다. 이곳에서 만드는 와인은 품질이 좋기로 유명한데, 특히 '상세르'라는 와인은 레드·화이트·로제 등 모든 종류가 AOC로서 인정받고 있습니다.

어떤 요리나 치즈에 맞는 와인을 고를 때 가장 기본이라고도 할 수 있는 룰은 '그 지방의 요리나 치즈에 그 지방의 와인을 곁들인다'는 점입니다. 즉 숙성이 덜 되고 신맛이 나는 신선한 크로탱 드 샤비뇰에는 똑같이 신선하고 과일 향이 밴 허브 풍미가 특징인 소비뇽 블랑 Sauvigno Blanc 품종으로 만드는 화이트와인 상세르가 최상의 조화라고 할 수 있겠지요.

특히 크로탱 드 샤비뇰이 제철을 맞는 봄에서 여름 사이에 와인을 차갑게 하여 함께 즐기면 더없이 좋은 궁합이 됩니다. 또 조금 숙성이 진행된 샤비뇰에는 로제 상세르를, 더 숙성이 진행된 것에는 레드 상세르를 곁들이면 마찬가지로 훌륭한 조합이 됩니다.

여담이지만, 샤비뇰 마을은 와인 산지로 유명한 루아르 지역에서도 잘 알려진 와인 생산자인 '앙리 부르주아Henri Bourgeois'의 본거지이기도 합니다. 이 와이너리는 최근 뉴질랜드에서도 와인 생산에 힘쓰고 있고, 상세르의 레드와 화이트를 비롯해서 여러 타입의 와인을 만들고 있습니다. 국내에서도 비교적 간단하게 구입할 수 있습니다.

몇 년 전 샤비뇰 마을을 방문했을 때 크로탱 드 샤비뇰의 숙성 전문 업체인 '뒤부아 불레이Dubois-Boulay'를 견학하고, 앙리 부르주아의 와이너리에 들렀습니다. 샤비뇰 마을에는 앙리 부르주아 오너의 아들 장 마리 부르주아가 셰프로 근무하는 마을 최고의 레스토랑이 있습니다. 혹 그곳을 방문할 기회가 있다면 꼭 한번 점심이나 저녁에 가보세요. 식후의 치즈 왜건 서비스에 깜짝 놀랄 것입니다. 숙성이 다른 여러 종류의 샤비뇰의 맛을 마음껏 즐겨 보세요. 상세르 와인과의 훌륭한 마리아주도 물론 잊지 말아야겠지요.

신선하고 쌉쌀한 와인과의 마리아주도 물론 즐거운 조합이지만, 식후의 디저트로 추천하는 것은 루아르 지방의 달콤한 와인입니다. 저라면 슈냉 블랑Chenin Blanc 종으로 만든, 과실 맛이 감도는 달콤한 와인을 선택하겠습니다. 달콤한 부브레Vouvray나 코토 드 레이옹Coteau de Layon 등과 함께 내놓으면 훌륭한 디저트가 완성됩니다.

일본에서는 '크로탱 드 샤비뇰'의 이름을 줄여서 흔히 '크로탱'이

유명 와인 생산자인 앙리 부르주아 와이너리의 포도밭과 오너인 앙리 부르주아(왼쪽).

샤비뇰 마을의 숙성 전문 업체인 뒤부아 불레이의 간판. '크로탱 드 샤비뇰'이라고 적혀있다(오른쪽).

라고 부르는 경향이 있습니다. 하지만 샤비뇰 마을 사람들의 말에 따르면 다른 지방에서도 '크로탱'이라고 호칭하는 셰브르를 만들고 있고, 이렇게 부르는 것을 AOP에서 제한할 수 없기 때문에 그다지 좋은 일은 아니라고 하네요. 이런 문제점들을 방지하기 위해 현지 사람들은 '크로탱 드 샤비뇰'을 '크로탱' 대신 '샤비뇰'이라고 부르는 운동을 벌였습니다. 현재 AOP에서도 '크로탱 드 샤비뇰'에 더해서 '샤비뇰'이라는 명칭도 인정하고 있습니다. 산지 마을의 이름이 그대로 치즈의 이름으로 차용된 것이니, 그야말로 원산지나 토지의 개성, 즉 테루아가 치즈 이름에 나타난 것입니다. 유명한 셰브르가 된 지금 더욱더 전통을 지키는 것이 소중하다는 것을 느끼게 하는 치즈입니다.

CHAPTER 9
에프와스
ÉPOISSES

- **Milk** 소젖
- **Type** 워시 치즈
- **District** 프랑스 부르고뉴 지역권 코트도르 + 욘 + 샹파뉴아르덴 지역권 오트마른
- **Size & Weight** 직경 16.5~19cm + 높이 3~4.5cm + 무게 0.7~1.1kg
- **Fat percent** 고형분 중의 지방 함량 50% 이상

수없이 찾아오는 긴 밤들 속에서 나는 치즈를 꿈꾸었다.
- 로버트 루이스 스티븐슨 -

나폴레옹이 사랑한 치즈

독특한 향기와 크림같이 입안에서 살살 녹는 식감을 자랑하는 에프와스^{Époisses}. 한번 맛보면 그 놀라운 풍미에 마음이 꽉 붙잡히고 마는, 워시 치즈의 최고봉이라고 일컬는 치즈가 바로 에프와스입니다.

에프와스의 표피는 촉촉하게 윤기를 띠고 있고, 진한 오렌지색으로 빛납니다. 반면 속살은 밝은 크림색이지요. 숙성이 진행될수록 중심부까지 몰랑몰랑한 식감으로 변하고, 때로는 커스터드 크림 같은 조직이 되기도 합니다. 이렇게 끈적끈적해진 치즈를 숟가락으로 푹 떠서 먹으면 더 이상 다른 치즈는 선택할 수 없을 정도로 매력적이고 유혹적입니다.

프랑스 와인의 2대 산지로 꼽는 보르도와 부르고뉴 중에 부르고뉴를 중심으로 '황금의 언덕'이라는 뜻의 코트도르$^{Côte-d'Or}$ 지방이 자리하고 있습니다. 이 지역의 북쪽에 위치한 작은 마을 에프와스가 이 치즈의 고향이며, 이름의 유래입니다.

에프와스는 15세기경 이 마을에 있던 한 수도사가 만들기 시작했다고 전해집니다. 인구가 겨우 800명인 에프와스 마을은 중세의 건축물이 남아 있는 유서 깊은 곳입니다. 위치는 부르고뉴 지방 오주아^{Auxois} 주변, 고대 로마군의 장군 카이사르가 갈리아군과 싸워서 승리한 곳으로 알려진 요새 도시 알레시아Alesia가 있던 장소입니다.

당시 치즈는 표면을 알코올로 씻고 숙성시키는 방법으로 만들어졌습니다. 그 후 수도원에 고용되었던 농부들에게 이 제조 기술이 전해지고, 엄마에게서 딸들에게 계승되면서 점차 개량된 제조법이 덧붙여졌습니다. 그리고 이것이 나중에 에프와스의 기원이 되었습니다.

이 지방의 농업진흥회는 농민들 간의 경쟁심이나 품질 향상에 대한 의욕을 불러일으키기 위해 에프와스 콩쿠르를 시행하기도 했다고 전해집니다.

이 치즈는 일찍부터 미식가들의 주목을 받았는데요. 1775년에 출판된 《부르고뉴 공령서경》이라는 사료를 보면 '에프와스는 브리 지역의 치즈를 이긴다'라는 기술을 찾아볼 수 있습니다. 브리는 당시 루이 16세에게 사랑을 받으며 대중적으로도 매우 인기가 높은 치즈였습니다. 그러한 브리에 이긴다고 할 정도라면 에프와스에 대한 관심과 평가가 매우 높았다는 사실을 알 수 있지요.

나폴레옹도 이 지방에서 나오는 술과 에프와스를 곁들여서 먹는 것을 매우 좋아했다고 합니다. 선잠을 자고 있던 나폴레옹을 깨우기 위해 어느 병사가 에프와스를 그의 코끝에 가까이 대자 "조세핀, 오늘 밤은 용서해 줘" 하고 중얼거렸다는 일화도 남아 있습니다.

19세기에는 이미 파리에도 에프와스가 전해졌는데, 《미식예찬》

(《미각의 생리학》이라고도 한다)을 쓴 미식가 브리야 사바랭은 에프와스를 가리켜 '치즈의 왕'이라고 극찬했다고 합니다.

전통 방식의 에프와스를 지켜 내다

수많은 저명인사들에게 칭찬을 받으며 인기를 끌었던 전통적인 치즈였음에도 불구하고, 20세기에 들어서면서 에프와스는 소멸의 위기에 휩싸입니다. 두 차례의 세계대전으로 치즈 농가들이 소실되고, 생산자가 감소한 탓입니다. 이러한 절체절명의 위기에서 훌륭히 에프와스를 되살린 것은 에프와스 마을에서 나고 자란 로베르 베르토 Robert Berthaut의 정열이었습니다.

1950년대 당시 젊은 청년이던 로베르 베르토는 어릴 때부터 봐왔던 전통 방식의 치즈 만드는 법을 부활시키고 싶다고 생각했습니다. 그 무렵 치즈 농가들은 전쟁이 끝난 후 변화의 소용돌이에 휩싸여 있었습니다. 기술의 발전과 함께 치즈를 만드는 법에도 근대화의 물결이 조금씩 밀려오면서, 농가형 치즈는 점점 쇠퇴하고 공장제 치즈의 시대로 넘어가게 된 것입니다. 우유의 응고 시간이 단축되는 등 제조의 효율성을 강조한 변화가 곳곳에서 이루어졌습니다.

하지만 그러한 흐름과 반대로, 베르토는 계속해서 전통적인 제조 방법을 고수했습니다. 그는 과학적인 방식을 가르치는 낙농기술학교에서 제조법을 배우지 않고, 대신 연륜 있는 농부들로부터 기술을 배우고 지혜를 익히면서 정성껏 치즈를 만드는 길을 선택했습니다.

그가 농부로부터 배운 에프와스의 제조법은 유산균에 의한 발효를 이용해서 우유를 응고시키는 것입니다. 산응고^{酸凝固}라고 불리는 이 방법은 응고하는 데 스무 시간이나 걸리고, 틀에 넣은 후에도 천천히 시간을 들여서 물을 빼내야 합니다. 또한 숙성 단계에서는 2~3일마다 포도 찌꺼기를 증류해서 만든 화주^{火酒}인 마르^{marc}로 치즈 표면을 닦아 주어야 하기 때문에 상당한 인내력이 필요했습니다. 게다가 여름철에는 기온이 너무 높기 때문에 커드의 숙성이 잘 진행되지 않습니다. 때문에 전통 방법에 따른 에프와스는 9월부터 다음 해 5월 사이에만 제조가 가능했습니다. 이렇게 힘들게 상품화된 '전통적인 에프와스'는 섬세한 풍미로 순식간에 미식가들에게 주목을 받았습니다.

만약 그가 낙농기술학교에서 에프와스 만드는 법을 배웠다면 이 산응고가 아니라 레닛 응고를 이용했을지도 모릅니다. 그랬다면 현재와 같은 매끄러운 조직의 치즈로 부활할 수 없었겠지요. 반대로 그가 알자스^{Alsace} 낙농기술학교에 다녔다면 에프와스는 알자스의 워시치즈 '묑스테르'처럼 되지 않았을까 말하는 사람도 있습니다.

로베르 베르토의 노력과 끈기에 의해 전통의 방법대로 명맥을 잇게 된 에프와스는 1980년대에 들어 파리는 물론 외국에서도 많은 사랑을 받게 되었습니다. 그리고 1991년 AOC에 등록되었습니다.

산 넘어 산, 에프와스에 닥친 두 번째 위기

대가 끊길 위기에서 힘겹게 되살아난 에프와스에 또 한 번의 위기가 닥칩니다. 아시는 분도 계실지 모르지만, 1999년에 일어난 리스테리아 listeria 사건이 계기가 되었습니다. 어느 생산자의 에프와스가 리스테리아균에 오염되어 프랑스 내의 에프와스 생산이 엄격히 관리되고, 일부 국가에서 에프와스의 수입이 중단된 것입니다.

임산부나 노인, 유아 등 면역력이 약한 사람이 이 균에 오염된 치즈를 먹으면 인플루엔자와 같은 증상을 일으켜 심한 경우 죽음에 이르기도 합니다. 리스테리아 사건은 단 한 사람의 실수로 벌어진 일이지만, 이로 인해 에프와스의 전체 생산량이 극감하고 말았습니다.

에프와스의 존속 위기와 더불어 베르토 사도 도산 위기에 처합니다. 하지만 베르토 에프와스를 사랑하는 마니아들의 열망과 도움으로 베르토 사는 치즈의 원유를 무살균유에서 가벼운 가열 처리를 한

살균유로 대체하여 균의 오염을 예방하는 한편, 근대적인 제조 공장을 다시 세우고 회사를 지켜 냈습니다. 이렇게 에프와스는 또 한 번 소멸의 위기에서 벗어났던 것입니다.

치즈의 재료가 되는 원유를 무살균 상태로 사용하면 우유의 풍미와 개성이 치즈에 고스란히 나타납니다. 이는 살균유로는 완벽하게 구현할 수 없는 특징입니다. 일단 살균을 하면 우유 속에 존재하는 테루아를 표현하는 미생물들이 죽어 버리기 때문이지요. 하지만 에프와스의 소멸 위기에서 탈출하기 위해 베르토 사는 보다 안심할 수 있고 안전한 제조 방법을 택한 것입니다.

베르토 회사의 까다로움과 고집은 프랑스어로 '테르미제^{thermise}'라고 하는, 63도에서 1분 정도 진행하는 저온 가열 처리에서도 드러납니다. 일반적으로 살균에는 저온 장시간 살균과 고온 단시간 살균 방식이 있는데, 저온 장시간 살균은 63도에서 30분간 진행되고, 고온 단시간살균은 72도에서 15초 동안 이루어집니다. 그런데 2가지 방법 모두 해로운 균은 물론 유용한 균까지 함께 없애 버린다는 단점이 있습니다. 반면 테르미제는 유용한 미생물이 살균 과정에서 없어지는 것을 최소한으로 억제한 살균방법입니다.

몇 번이고 시제품을 만들어서 고정적인 클라이언트들에게 테스팅하고, 그들의 조언을 귀담아들으면서 맛과 안전이라는, 두 마리 토끼를 모두 잡은 에프와스가 탄생한 것입니다.

브랜디로 '워시' 하는 에프와스

에프와스는 숙성 과정에서 치즈의 표면을 닦아 주는 워시 치즈입니다. 그런데 워시 타입으로는 드물게 유산균을 이용해서 우유를 응고시키고, 물기는 자연적으로 천천히 빠지도록 둡니다. 따라서 커드가 부서지기 쉽기 때문에 성형틀에 넣을 때도 세심한 주의가 필요합니다. 에프와스의 소금 절임은 건염법이라고 해서 건조한 소금을 직접 치즈에 뿌리는 방법입니다. 이후 치즈는 건조실로 이동합니다. 건조실은 본고장의 기후를 계산해서 작은 창으로 북동풍이 들어올 수 있도록 설계합니다. 이는 옛날부터 해 왔던 방식입니다.

숙성실에 도착한 치즈는 먼저 소금물이나 담수로 씻어 주고, 다음으로 그 지역에서 만들어지는 마르 드 부르고뉴 Le Marc de Bourgogne 를 소량 섞은 액체로 닦아 줍니다. '마르'는 레드와인을 만들고 남은 포도 찌꺼기로 만드는 술로, 알코올 도수가 40도에 달하는 독한 술입니다. 치즈가 충분히 숙성할 때까지 마르 술의 농도를 서서히 높여 가며 닦아 주다가 마지막에는 100퍼센트 마르로 표피를 닦아 줍니다.

그야말로 매우 사치스러운 제조법이라 할 수 있지요.

워시 작업은 일주일에 1~3회 반복해야 하기 때문에 상당히 수고스러운 일입니다. 또 공정 중에 부드러운 표피가 부서지지 않도록 매우 신경을 써야 합니다.

에프와스를 비롯해 워시 치즈는 우유 단계에서 리넨스균을 첨가합니다. 리넨스균이 숙성 중에 빨간 색소를 내기 때문에 '빨간 효소'라고 부릅니다. 이 균 덕분에 치즈는 서서히 붉은빛을 띠고 최종적으로 오렌지색으로 빛이 나게 되는 것이지요.

리넨스균은 습기를 좋아하기 때문에 생육시키기 위해서 표피를 잘 닦아 주어야 합니다. 그러면 찰기 있는 점막이 서서히 형성되어 치즈가 외부의 잡균에 오염되지 않도록 보호합니다. 치즈 내부의 습도를 지키는 데도 큰 역할을 하지요.

에프와스 같은 산응고 타입의 치즈는 습기를 띠면 숙성을 통해 중심부까지 걸쭉한 크림 상태로 변해 갑니다. 그리고 숙성이 진행될수록 특히 껍질 부분에 독특한 향과 구수한 풍미가 새겨지고, 소금 맛과 함께 매력적인 감칠맛이 나타나게 됩니다. 리넨스균의 점막이 계속 쌓이면서 생긴 오렌지색 표피도 숙성에 의해서 끈적끈적한 상태로 변하고, 점차 강한 향을 뿜게 됩니다. 특히 마르로 씻는 횟수가 많으면 많을수록 더욱 끈끈하게 숙성하고, 표피의 붉은 기운이 짙어져 풍미가 강해집니다. 각자 개성이 풍부한 워시 치즈 중에서도 에프와스가 자랑하는 강렬한 향은 단연 최고라고 할 수 있습니다.

에프와스 특유의 향을 프랑스에서는 '신의 발'의 향, 영국에서는 '돼지 발가락 사이'의 향이라고 표현합니다. 독특하고 재미있는 표현이지만, 먹을 때에는 그다지 떠올리고 싶지 않군요.

수도원의 보물 – 워시 치즈 탄생의 비밀

워시 치즈는 대부분 수도원에서 태어났습니다. 중세 이후 수도원은 지식의 보물창고로, 지금으로 말하면 문화센터나 공방과 유사한 성격을 갖고 있었습니다. 단적인 예로 와인이나 치즈를 만드는 것도 수도사들에 의해서 널리 퍼졌다고 말해도 과언은 아닙니다.

지금은 금지되어 있는 방식이지만, 옛날 치즈를 만들던 수도원 사람들은 갓 만든 연한 치즈를 볏짚 위에서 숙성시켰습니다. 이렇게 완성된 치즈는 잡균에도 영양의 보물창고였을 테니, 금세 곰팡이가 피었겠지요. 이때 표면에 번식한 잡균을 제거하기 위해 수도사들은 치즈를 뜨거운 물로 씻어 냈습니다. 그러다가 소금물로 씻는 것이 살균 효과가 더 좋다는 점을 알아차리고 소금물로 씻게 되었을지도 모릅

베르토에서 생산하는 에프와스(왼쪽)와 베르토 사의 2대 사장 장 베르토(오른쪽)

니다. 수도원에는 와인도 있으니 와인을 섞은 물을 사용하는 방법도 시도해 보고, 때로는 맥주로 씻어 볼까, 브랜디로 씻어 볼까 하며 여러 가지 궁리를 했겠지요.

당시 치즈를 볏짚 위에서 숙성시켰기 때문에 건초균인 리넨스균이 자연스레 치즈에 스며들었습니다. 수도사들은 리넨스균이 포함된 치즈를 씻는 동안 겉면이 끈적끈적하게 변하고 붉은색을 띠거나 강한 향을 내뿜는 모습에 깜짝 놀랐을지도 모르지요. 습기를 좋아하는 리넨스균이 치즈를 씻을 때마다 건강하게 번식하여 워시 타입의 치즈가 탄생한 것입니다.

에프와스와 부르고뉴 와인의 마리아주

에프와스는 특유의 강한 향이 있어서 전문가용 치즈라고 평가하기도 합니다. 하지만 향과 마찬가지로 맛도 강렬할 거라는 예상과 달리 사실 먹어 보면 생각보다 별나지 않고 외려 순합니다. 표피는 독특한 풍미를 자랑하고 때로는 향기조차 느껴지지만, 속은 우유의 단맛을 느낄 수 있는 크림 같은 식감으로 숟가락으로 떠질 만큼 부드럽습니다. 처음 이 치즈를 접하는 사람이라면 이러한 '표리부동'에

깜짝 놀랄지도 모릅니다.

　전통적인 제조법에 따라 생산하는 에프와스의 제철은 가을부터 다음 해 6월까지. 여름철은 덜 숙성한 것을 먹고, 겨울에는 속이 걸쭉해질 때까지 숙성시킨 것을 숟가락으로 떠먹는 방법을 추천합니다.

　에프와스는 앞에서 말했듯이 마르 드 부르고뉴를 사용해서 만들기 때문에 특히 부르고뉴산 레드와인을 곁들이도록 추천합니다. 워시 타입 특유의 껍질에서 느껴지는 풍미도 있기 때문에 '쥬브레 샹베르탱 Gevrey Chambertin'처럼 맛과 향을 자랑하는 와인이라면 좋겠지요. 감칠맛 나는 화려한 레드와인도 좋고, 화이트와인이라면 바디가 확실한 부르고뉴 지방의 뫼르소 Meusault처럼 씁쌀한 맛과 곁들이는 것이 좋겠지요.

　입에서 살살 녹는 크림 같은 맛은 샹파뉴의 스파클링와인과도 궁합이 좋습니다. 이것도 바디가 확실한 볼랭제 Bollinger나 에글리 우리에 Egly Ouriet 등이 잘 어울립니다. 표피에서 느껴지는 진한 맛과 향에는 일본 술이나 소주를 함께 즐겨 보는 것도 좋겠지요.

　에프와스는 오렌지색 껍질이 촉촉하고 광채가 있는 것이 좋은 것입니다. 반면 보존 상태가 나쁘면 윤기가 없어지고 건조해져 표피가 갈라져 버립니다. 이러한 것은 피하는 게 좋겠지요. 또 독특한 풍의 강한 냄새가 부담스러운 사람은 숙성이 덜 된 것을 고르는 편이 무난합니다.

보관할 때에는 자른 면을 알루미늄 포일이나 치즈용 막으로 싸서 속이 흐르지 않도록 하세요. 특유의 강한 냄새가 다른 치즈나 식품에 밸까 봐 우려된다면, 애초에 치즈가 담겨 있던 통에 다시 담아 뚜껑을 덮고 랩으로 가볍게 포장하면 됩니다.

치즈의 표면이 하얗게 가루를 뿌린 것처럼 건조해졌을 때에는, 브랜디를 살짝 뿌려 주거나 솔로 문질러 닦으면 광택이 되살아나고 향기도 좋아집니다.

에프와스의 풍미를 높여 주는 음식 궁합

숙성하면서 점차 강한 풍미를 자랑하는 것이 워시 치즈의 특징입니다. 이러한 워시 치즈는 포도나 무화과, 서양 자두인 푸룬이나 서양 배 등과 함께 먹으면 좋은데요. 신선한 상태 그대로 곁들이는 것도 좋지만, 간혹 짠맛이 강한 워시 치즈도 있기 때문에 그런 경우 특성에 맞게 과일을 콤포트하는 것을 권합니다.

콤포트 compote는 프랑스어로 '섞는다'라는 뜻으로, 과일에 설탕을 섞은 뒤 졸이는 음식입니다. 향신료와의 궁합도 좋기 때문에 콤포트를 만들 때 레드와인에 계피나 스타아니스$^{Star Anise}$, 정향나무 꽃봉오리로 만든 향료인 클로브^{Clove} 등을 넣어 졸이면 치즈와 무척 잘 어울리는 맛이 탄생합니다. 기회가 있다면 꼭 시도해 보시기를.

프랑스에서는 최근에 워시 치즈와 '스페큘로스^{speculoos}'라는 스파이스 쿠키를 곁들여서 먹는 것이 유행이라고 합니다. 스페큘로스는 계피를 넣어 만드는 벨기에의 전통 과자인데요. 저도 워시 치즈를 먹을 때 가끔 프랑스의 생강빵인 팡데피스$^{Pain\ D'epice}$를 곁들이거나 벨기에의 스파이스 쿠키를 부숴서 워시 치즈에 뿌려 먹곤 합니다. 이렇게 치즈에 스파이스의 풍미를 더하면 레드와인과 더 잘 어울리기 때문이지요.

워시 치즈는 감자와 궁합이 좋기 때문에 그라탱처럼 가열해서 먹는 것도 추천합니다. 이와 비슷하게 독일과의 국경 쪽에 위치한 알자스 지방에서는 감자와 그곳의 특산 치즈인 묑스테르를 섞어 만든 그라탱을 즐겨 먹습니다.

에프와스의 껍질을 벗기고 여기에 삶은 감자와 베이컨을 넣어 함께 볶아도 간단하게 일품요리를 만들 수 있습니다. 만약 에프와스를 먹을 때 냄새가 심하면 껍질은 제거하고 부드럽고 담백한 속살 부분만 시도해 보세요. 냄새가 강한 것은 의외로 껍질뿐이니까요.

워시 치즈의 껍질 부분이 지나치게 숙성한 경우 표피에 알갱이가 생기거나 비스킷처럼 바삭바삭한 식감이 나기도 합니다. 파르미지아노 레지아노 같은 경질 치즈의 아미노산 알갱이는 씹는 맛이 좋은 반면, 워시 치즈의 껍질에 생기는 것은 특별한 맛이 없으니 기호에 따라 먹을지 말지 선택하세요. 이 식감이 불쾌하다고 생각되면 벗기는 편이 좋겠지요. 과일 껍질을 벗기는 경우와 비슷하다고 생각하면 됩니다. 과일의 경우도 껍질을 벗겨서 먹기도 하고, 그대로 먹기도 하니까요.

워시 치즈 중에서도 특히 에프와스에 맞는 식재료로 추천하고 싶은 것이 앞에서 말한 팡데피스, 즉 부르고뉴의 전통 빵입니다. 겉보기에는 빵이라기보다 카스테라나 파운드케이크와 비슷한 모양으로, 꿀과 여러 종류의 스파이스가 들어간 매우 달달한 케이크 같은 빵이지요. 이것을 잘라 그 위에 에프와스를 얹어 먹으면 치즈의 짠맛과 풍미가 꿀의 달콤한 맛으로 완화되고, 동시에 스파이스 풍미가 강화되어 치즈 껍질 부분까지 맛있게 먹을 수 있습니다.

베르토에서 만드는 에프와스의 친척 치즈

에프와스를 소멸의 위기에서 구한 베르토 사는 똑같은 제조법으로

에프와스 외에도 여러 가지 매력적인 치즈를 만들고 있습니다. 그 몇 가지를 소개하겠습니다.

트루 드 크뤼 Trou de Cru

에프와스와 똑같은 제조법으로 1980년대 초에 베르토 사가 개발한 치즈가 트루 드 크뤼입니다. 'Trou'란 구멍을 뜻하고, 'Cru'는 최상급 브랜드 와인의 산지를 가리키는 말입니다.

트루 드 크뤼는 미니 에프와스로 인기가 있습니다. 부피가 작은 만큼 마르 드 부르고뉴로 씻는 표면적의 비율이 높기 때문에 맛도 에프와스보다 좀 더 강합니다. 씻어 낸 표피 부분은 향이 진한 반면, 물컹물컹한 커드가 혀끝에 닿는 맛은 부드럽습니다. 사치스럽지만 그 맛에 반해 통째로 한 개를 먹게 됩니다.

이 치즈의 농후한 감칠맛은 강한 와인뿐 아니라 부르고뉴산 화이트와인 샤블리 Chablis 나 일본 술, 소주와도 잘 어울립니다. 미식가로 불리는 베르토 사의 2대 사장 장 베르토 씨는 오트 코트 드 뉘 Hauts Côtes de Nuits 나 이랑시 Irancy 와의 마리아주를 추천한다고 하네요.

에지 상드르 Aisy cendre

에프와스를 재로 덮어 다시 한 번 숙성시켜 만드는 치즈로, 오리

트루 드 크뤼
베르토 사에서 에프와스와 같은 제조 방식으로 개발한 '미니 에프와스'이다. 오리지널 에프와스보다 크기가 작은 반면, 맛과 향은 더 진하다.

지널은 19세기 무렵 에프와스 근교에서 만들어졌던 치즈입니다. 떡갈나무나 포도나무를 태워 얻은 무척 고운 재 안에 치즈를 묻고 숙성시키는데, 표피의 재가 촉촉해질 때가 가장 먹기 좋습니다. 내부의 커드는 헤이즐넛이나 호두와 같은 견과류의 풍미가 담겨 있습니다.

베르토 사의 추천 마리아주는 부르고뉴 북부의 샤블리, 베즐레Vézelay 등의 화이트와인입니다. 양질의 재는 치즈와 함께 먹을 수 있지만, 모래를 씹는 듯한 식감이 마음에 들지 않는 경우에는 제거해주세요.

스만트랑Soumaintrain

스만트랑의 고향은 부르고뉴 지방의 아르망스Armance 골짜기입니다. 크기는 350~550그램, 직경 10~13센티미터, 높이는 4센티미터 정도로, 이보다 더 작은 타입도 있습니다. 스만트랑도 품이 많이 드는 치즈로, 옛날에는 비트(사탕무) 잎으로 싸서 2개월 정도 숙성시켰다고 합니다.

이전에는 농가마다 제조법이 조금씩 달랐는데, 최근 원료나 제조법 등을 규정하고 AOP를 신청했습니다.

스위스 보Vaud 주에서 생산하는 치즈로 제로메Gérome가 있습니다. 섬세하고 살살 녹는 식감의 에프와스를 제조하는 베르토 사는 이 제로메를 만드는 전통 기법에 따라 여덟 시간 동안 우유를 응고시켜 스만트랑을 만들고 있습니다. 에프와스의 경우는 스무 시간 이상 응고하기 때문에 그에 비해서는 짧다고 할 수 있습니다.

표피는 에프와스의 경우 마르 술로 2, 3일마다 씻어 주는 데 비해, 스만트랑의 경우는 소금물로만 씻어 줍니다. 솔에 소금물을 적셔 표면을 문지르는데, 이 작업만 3주 이상 걸립니다. 이 과정에서 스만트랑의 껍질은 리넨스균에 의해서 오렌지색으로 빛나고, 속은 진한 노란색으로 변해 끈끈해집니다.

스만트랑은 에프와스보다는 순하지만 묑스테르보다는 농후한 풍미가 느껴지고, 기분 좋은 신맛이 납니다. 담백한 바게트보다는 달고 작은 브리오슈^{brioche}나 크루아상^{croissant} 등과 함께 먹는 것이 정통이라고 합니다. 여기에 샤르도네 종의 화이트와인인 샤블리 등을 곁들이면 더없이 행복한 한때를 보낼 수 있겠지요.

아피델리스 ^{Affidélice}

또 하나 에프와스의 자매품으로 태어난 것이 아피델리스입니다. 숙성을 뜻하는 프랑스어 '아핀^{affine}'과 맛있다는 뜻의 '델리시^{délice}'를 합성하여 만든 이름답게 훌륭한 맛을 자랑하는 치즈입니다.

표피를 부르고뉴의 화이트와인 샤블리로 씻어서 만드는 아피델리스는 베르토 사의 특제품으로, 최근 몇 년 사이 빠르게 미식가들의 입맛을 사로잡았습니다. 독특한 냄새와 정반대로 입에 넣었을 때 느껴지는 따뜻하고 끈적한 식감, 농후한 풍미는 그야말로 순간 아찔해질 정도입니다.

1999년 발생한 리스테리아 사건 당시 베르토 사의 에프와스 판매는 30퍼센트까지 떨어졌습니다. 이후 주력 상품인 에프와스만 판매하는 것은 너무 위험이 크다고 판단하고, 이에 대한 해결책으로 당시 '아피네오샤블리 Affine au Chablis'라는 이름으로 소량 생산하고 있던 것을 '아피델리스'라는 이름으로 바꿔 재탄생시킨 것입니다.

산지도, 맛도 다양한 워시 치즈

치즈의 표피를 씻어서 숙성시키는 워시 타입의 치즈는 에프와스 말고도 리바로나 묑스테르, 퐁레베크 등이 있습니다. 그중 대표적인 치즈를 몇 가지 소개해 보겠습니다.

리바로 Livarot

노르망디 지방의 마을 리바로에서 만든 치즈로, 모양이 부서지는 것을 방지할 목적으로 측면에 다섯 줄의 골풀을 감은 것이 독특합니다. 이 모습이 유명해져서 군인의 계급 중 대령, 즉 '커널 colonel'이라는 닉네임으로도 불립니다.

개성 넘치는 이 워시 치즈는 전체적으로 고기 요리와 궁합이 좋지만, 특히 사냥한 고기를 즐긴 뒤에 먹으면 좋습니다.

묑스테르 Munster

프랑스 동부, 독일과의 국경 지대인 알자스 지방의 산중에 있는 골짜기 묑스테르가 원산지인 치즈입니다. 이 산골짜기에 작은 수도원을 세운 수도사들이 방목을 해서 치즈를 만들게 된 것이 시초입니다. 작은 수도원을 '모나스텔'이라고 부른 것에서 묑스테르라는 이름이 지어졌다고도 합니다.

분홍빛이 감도는 연한 오렌지색의 표피를 가진 원반형의 치즈로, 입에 닿는 느낌은 퍽 끈적거립니다. 현지에서는 회양풀의 일종인 캐러웨이 caraway 씨앗을 첨가하여 먹는 것이 일반적입니다.

퐁레베크 Pont-l'évêque

퐁레베크는 프랑스 노르망디 지방의 소젖으로 만들어진 사각형 치즈입니다. 표면을 씻는 공정이 짧고 향이나 맛이 비교적 온화해서 초심자도 부담 없이 즐길 수 있는 워시 치즈입니다.

　같은 산지의 동료끼리 조합하는 것이 와인과 치즈를 즐기는 방법의 기본이라고 몇 차례 이야기했는데요. 가령 에프와스는 앞에서 말했듯이 부르고뉴산의 바디가 확실한 레드와인같이 감칠맛이 있는 화이트와인이 잘 어울립니다. 마찬가지로 묑스테르에는 같은 고향 출신이자 스파이스 풍미를 자랑하는 알자스의 명물 게부르츠트라미너Gewurztraminer 와인을 곁들이면 어떨까요? 잘 숙성된 리바로는 같은 노르망디산의 사과로 만든 브랜디 칼바도스Calvados와 함께 천천히 음미하면 좋겠군요.

　'알코올은 안 돼'라는 사람도 기쁘게 먹을 수 있는 방법이 있습니다. 벨기에 사람들은 자국의 워시 치즈인 에르브Herve에 꿀이나 서양배로 만든 잼을 얹어서 커피 혹은 홍차와 함께 먹는 것을 즐긴다고 합니다. 와인 말고 커피나 홍차에 곁들여 먹는 치즈의 맛이 궁금하다면 꼭 한번 드셔 보세요.

리바로 / 퐁레베크
같은 노르망디 출신의 워시 치즈인 리바로(왼쪽)와 퐁레베크(오른쪽). 리바로는 치즈의 형태를 잡아 주기 위해 다섯 줄의 골풀을 감은 것이 특징이며, 퐁레베크는 사각형 치즈라는 점이 독특하다.

CHAPTER 10

체더
CHEDDAR

- **Milk** 소젖
- **Type** 비가열압착 치즈
- **District** 영국 잉글랜드 도싯 + 서머싯 + 데번 + 콘월
- **Size & Weight** 직경 약 30cm + 높이 약 25cm + 무게 약 25kg
- **Fat percent** 고형분 중의 지방 함량 45% 이상

치즈는 사랑을 세련되게,
동시에 소박하게 만든다.
— M. F. K. 피셔 —

영국 최대의 협곡에서 태어난 치즈

영국 최남단에 위치한 잉글랜드 남서부 지역은 실제 위도는 상당히 높지만, 지리적 특성상 난류인 북대서양해류와 편서풍의 영향을 받아 북쪽 지방치고는 상당히 온난한 기후와 아름다운 자연을 누리고 있습니다.

기후의 혜택을 받은 잉글랜드 남서부는 중세의 기사도 정신을 그린 아서 왕 이야기의 무대가 되는 곳으로, 특히 콘월 Cornwall 주에 있는 틴타젤 Tintagel 성은 아서 왕 전설과 깊은 관계가 있습니다. 또한 서머싯 Somerset 주의 글래스턴베리 Glastonbury 는 기독교의 성배가 묻혀 있다는 전설로 유명합니다.

이 지방은 예로부터 많은 작가들의 사랑을 받은 곳이기도 합니다. 가령 데번 Devon 주 토키 Torquay 에서 태어난 '미스터리의 여왕' 애거서 크리스티는 《ABC 살인사건》이나 《죽은 자의 어리석음》 등 자신의 고향인 데번을 무대로 한 작품을 많이 남겼습니다. 셜록 홈즈의 작가 코난 도일 또한 데번 주 다트무어 Dartmoor 에 잠시 머문 적이 있고, 이곳 늪지대를 배경으로 최고의 미스터리로 꼽히는 《바스커빌 가문의 개》를 집필했습니다.

서머싯 주에는 영국 최대의 협곡이 있습니다. 100만 년 전, 눈이 녹으면서 생긴 엄청난 양의 물이 석회암을 침식시켜 생긴 이 협곡의 이름이 바로 체더 협곡 Cheddar Gorge 입니다. 이곳의 동굴에 지금으로부터 약 1만 년 전부터 인류가 거주하고 있었다고 전해집니다. 실제로 동굴 안에서 온전한 인체 골격이 발견되었는데, 이를 협곡의 이름을 따 '체더맨 Cheddar man'이라고 부릅니다.

영국의 전통 원주형 체더 vs. 미국의 대량생산 사각 체더

잉글랜드 남서부의 한가로운 목초지대에서는 옛날부터 체더가 만들어져 체더 협곡의 동굴에서 숙성되었습니다. 체더의 이름은 12세기 잉글랜드 왕인 헨리 2세 시대에 작성된 공문서에 이미 기록되어 있다고 전해집니다. 17세기 스튜어트 왕조의 찰스 1세가 영국을 지배하던 시절에는 그의 궁정에서 체더에 대해 칭찬하는 말이 자자했다고도 하네요.

전통적인 체더는 원주형으로, 무게는 25~30킬로그램 정도였고, 겉에 면포목을 감고 있었습니다. 그런데 18세기 후반에 산업혁명이 일어나자 체더의 생산에도 근대화와 표준화의 파도가 밀려왔습니다. 그 중심인물이 체더 치즈의 대부라 불리는 조셉 하딩 Joseph Harding 입니다. 그는 과학적인 원리를 이용해서 어디에서나 똑같은 체더를 제조할 수 있는 방법을 고안해 냈습니다.

이후 하딩의 체더 제조 시스템은 미국에 도입되었는데, 일찌감치 산업혁명이 일어난 영국보다도 오히려 미국에서 먼저 체더 치즈 공장이 설립되었습니다. 그로 인해 미국에서 체더 치즈가 대량으로 생산되면서 영국이 미국에서 체더 치즈를 역수입하는 상황까지 벌어졌습니다. 게다가 치즈를 좋아하는 영국인들은 캐나다, 호주, 뉴질랜드 등 다른 나라로 이민을 가면서 그곳에 체더의 제조법을 전파했고, 20세기가 되자 이들 나라가 체더 치즈를 영국에 공급하기에 이르렀습니다.

다시 산업혁명 시기로 거슬러 가 볼까요? 체더 공장이 미국에 처음으로 생기고 본고장인 영국이 미국으로부터 체더 치즈를 수입하게 되자 영국인들은 자존심이 상했습니다. 그리고 영국 본토에서도 치즈의 대량생산에 박차가 가해지게 되었습니다. 그런데 이후 제2차 세계대전이 발발하면서 영국 정부는 전시통제를 행하고, 관제 체더 government cheddar라 불리는 특정 타입의 체더에 대해서만 제조와 판매를 인정하게 되었습니다. 이 통제는 1954년까지 이어졌고, 이로 인해 체더 생산자의 수는 확연히 감소하였습니다.

여기에 더해, 시간이 흐르면서 헝겊으로 감싼 원주형의 체더 대신 공장에서 만들어진 사각 형태의 체더가 주를 이루게 되었고, 천연색소로 색을 입힌 '레드 체더'가 등장하는 등 전통적인 제조법으로 만든 체더의 비중은 극히 희박해져 갔습니다.

이처럼 전통 방식의 체더가 점점 설 자리를 잃어 가자 급기야 본고장 잉글랜드 남서부의 사람들이 들고일어났습니다. 이들은 예로부터 농가에 전해져 왔던 전통적인 제조법으로 체더 치즈를 만드는 것을 목적으로 '웨스트 컨트리 팜하우스 치즈 메카'라는 단체를 결성하였습니다. 그리고 그 활동이 결실을 맺어 1996년 마침내 EU에 의한 원산지 통제 명칭, PDO에 의거하여 '웨스트 컨트리 팜하우스 체더'라는 명칭으로 등록을 마쳤습니다.

현재 잉글랜드 남서부의 도싯, 서머싯, 데번, 콘월의 네 개 주 내에 있는 농가 12채만이 이 체더의 제조법을 인정받고 있습니다.

응고, 절단, 가염, 압착 – 체더의 독특한 식감 만드는 법

그렇다면 이 치즈의 전통적인 제조법은 어떤 것일까요? 웨스트 컨트리 팜하우스 체더의 제조법은 다음과 같습니다.

❶ 본고장에서 자란 소에서 짠 신선한 우유를 동물성 응유효소를 사용해서 응고시키고, 커드 나이프로 절단해서 부드럽게 섞는다.
❷ 자른 커드를 천천히 휘저으면서 38도 정도가 될 때까지 조금씩 가열하여 점점 단단하게 굳히고 남은 수분을 배출시킨다. 이 과정을 통해 아래에 알맹이가 모여 응고되면서 큰 덩어리가 된다.
❸ 덩어리를 약 30×20센티미터 정도의 크기로 절단한 뒤 겹겹이 쌓는다. 15~20분마다 뒤집으면서 수분을 더 배출하면 연한 닭가슴살 형태의 탄력 있는 덩어리가 완성된다.
❹ 덩어리를 가늘게 절단한 뒤 소금을 첨가하여 헝겊을 깐 전통적인 치즈 성형틀에 넣고, 스물네 시간 이상 압착한다.
❺ 치즈 성형틀에서 꺼내어 헝겊을 댄 채 60도 전후의 물에 담근 다음, 헝겊을 새로운 것으로 교환하고 다시 압착한다.
❻ 치즈 표면에 라드(돼지 지방을 녹인 것)를 바르고 9개월 이상 숙성시킨다.

저온살균한 우유도 규정에서 인정하고 있지만, PDO에 등록되어 있는 농가인 몽고메리 사처럼 무살균유만 사용하는 곳도 있습니다. 또한 전통적인 응유효소 사용을 고수하여 옛 제조법대로 헝겊에 싼 원주형의 체더를 제조하고 있는 농가도 있습니다.

체더는 성형틀에 맞추기 전에 커드 덩어리를 기계에 통과시켜 저민 고기처럼 부순 다음 소금을 치고 틀에 압착합니다. 이 독특한 공정 때문에 체더는 조직이 약하고 입안에 머금으면 부스스 무너지는 식감이 있습니다. 또 9개월 이상 숙성되면서 응축된 감칠맛 덕분에 여운이 길게 남는 것이 이 웨스트 컨트리 팜하우스 체더의 특징입니다.

때로는 조직 사이에 푸른곰팡이가 피는 경우가 있어서 그 근사한 풍미가 애호가를 기쁘게 하기도 합니다. 개인적으로는 푸른곰팡이의 풍미가 너무 강하다고 생각하지만, 각자 기호는 다르니까 한번 시도해 보는 것도 좋겠지요.

영국의 치즈이기 때문에 싱글몰트 위스키 Single Malt Whisky 와 궁합이 좋고, 애프터눈티와 함께 먹어도 안성맞춤입니다.

영국 전통의 체더를 맛보다

영국 런던에서 치즈 상점 '닐스야드델리'를 운영하는 란돌프 헉슨 씨는 전통적인 영국 치즈를 선보이고 있습니다. 그는 특히 웨스트 컨트리 팜하우스 체더를 만드는 열두 채의 농가 중에서 몽고메리, 킨, 웨스트 콤이라는 3곳과 거래하고 있습니다. 서머싯 주의 숙성 체더를 생산하는 이 농가들은 이탈리아 슬로푸드협회가 전통적인 제조법을 지키고 있는 소규모의 생산자들을 지원하는 운동인 프레시디오 presidio 의 리스트에도 올라 있는 곳입니다.

몽고메리 가의 전통적인 체더는 그중에서도 최고봉으로 꼽히는데, 헉슨 씨는 몽고메리의 모든 체더를 테이스팅해서 좋은 것들로 가장

표면에 천을 감싼 전통 방식의 체더 치즈. PDO에 등록되어 있는 영국 남서부의 체더 농가들은 미국을 중심으로 발전한 공장 제조 방식의 체더에 맞서 본고장의 정통 치즈를 만들고 있다.

먼저 사들일 수 있는 권리를 가지고 있습니다. 그는 이 치즈를 누구보다도 비싼 가격으로 구매합니다. 몽고메리 가와 헉슨 가와의 오랜 교류로 쌓인 신뢰도가 높기 때문에 이러한 거래가 가능한 것이겠지요.

닐스야드델리의 소매점 중에 코벤트가든 점포를 방문한 적이 있는데요. 2009년 1월 말, 프랑스 리옹Lyon 지방에서 열린 인터내셔널 카세우스 어워드International Caseus Award 직후의 일이었습니다.

당시 이 콩쿠르에서 일본 팀이 2위, 닐스야드에서 참가한 영국 팀이 3위를 차지했는데요. 대회장에서는 치즈에 관한 지식이나 기능을 겨루며 경쟁을 벌이긴 했어도 함께 시간을 보내면서 사이가 가까워졌습니다. 덕분에 헉슨 씨는 런던에 오면 꼭 자신의 가게에 놀러 오라며 저를 초대했습니다. 콩쿠르를 마치고 자유 시간이 딱 하루 있어서, 모처럼 왔으니 런던에 가서 닐스야드를 방문하기로 결심했습니다.

매장의 문을 열고 안으로 들어가자 영국의 전통을 대표하는 각종 농가의 체더와 블루 스틸톤이 숙성 정도별로 곳곳에 진열되어 있었습니다. 헉슨 씨와 동료들은 유쾌하게 나를 맞이하고는 직원용 휴게실로 안내해 맛과 향이 좋은 차를 대접해 주었습니다. 그저 잠시 가게를 둘러볼 심산으로 갔는데, 정신을 차리고 보니 어느새 저는 흰옷으로 갈아입고 가게의 앞치마와 모자를 쓰고 서 있었습니다.

헉슨 씨는 모처럼 왔으니 이것저것 맛을 보며 시식을 권했습니다. 이곳에서는 가게로 들어오는 고객에게 우선 오늘의 추천 치즈를 듬뿍 건넵니다. 고객이 맛을 본 후 "어떤 치즈인가요?" 하고 흥미를 보이고, 천천히 쇼핑을 즐기는 모습을 계속 볼 수 있었습니다.

슬슬 점심시간이 가까워 오자 식사를 같이 하자는 제안을 받았습니다. "미유키 씨는 어떤 체더가 좋아요?" 하고 묻기에 가장 마음에 드는 몽고메리 체더라고 대답하자 한 덩어리를 뚝 잘라서 휴게실로 향하더군요. 그리고 무슨 일이 벌어졌을까요? 방금 자른 체더를 슥슥 잘라서 식빵에 끼우고는 그 자리에서 핫샌드위치를 만들어 주었습니다. 더군다나 그곳은 영국. 큼직한 티컵에 가득 채운 밀크티와 함께 근사한 런치가 완성되었습니다.

이곳 직원들은 점심때면 대부분 치즈 핫샌드위치를 만들어 먹는다고 합니다. 올리는 치즈는 물론 체더, 그리고 가끔씩 이탈리아의 모차렐라를 올리기도 한다는군요. 확실히 영국의 치즈 가게다운 맛있는 식사 대접을 받았습니다.

일본에 수입되는 농가형의 몽고메리 체더는 100그램에 1만 원 이상 하는 고가의 치즈입니다. 따라서 핫샌드위치를 만들 생각은 감히 하기 어렵지만, 치즈가 풍부한 영국에서라면 일상적으로 먹는 방법이겠구나 하고 새삼스레 감탄했습니다. 그 후 농가형 체더를 볼 때마다 런던의 닐스야드델리 가게가 생각납니다.

감칠맛을 자랑하는 비가열압착 치즈

체더는 치즈의 기본인 7가지 타입 중 비가열압착 치즈입니다. 그렇다면 체더와 같은 비가열압착 치즈로 어떤 것들이 있을까요? 지금부터 몇 가지 소개하겠습니다.

하우다 Gauda

네덜란드의 대표적인 치즈로 네덜란드에서 생산되는 치즈의 절반 이상을 점령하고 있습니다. '하우다'라는 이름은 로테르담Rotterdam에 가까운 마을 이름에서 비롯되었으며, 네덜란드어로는 '하우다'이지만, 영어식 발음인 '고다'로도 잘 알려져 있습니다.

중량은 약 10킬로그램이고, 전통적인 형태는 원반형입니다. 치즈의 껍질은 황색 왁스와 코팅제로 덮여 있는 경우가 많습니다.

고다와 더불어 같은 네덜란드산 치즈로 에담Edam이 있는데요. 고다와 달리 에담은 둥근 모양에 표면이 빨간 왁스로 덮여 있습니다. 고다와 에담 모두 세계적으로 사랑받는 치즈입니다.

고다는 매우 순한 풍미와 보들보들한 조직을 자랑하는 1개월 숙성 치즈부터 때로는 3년, 4년 숙성시킨 것까지 다양하게 판매되고 있습니다. 3년 이상 숙성시킨 고다는 마치 된장이나 간장 같은 풍미를 띠

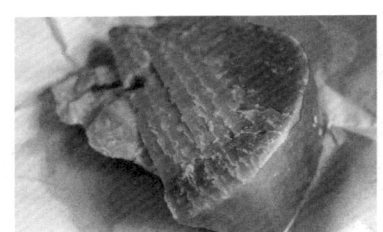

하우다
네덜란드의 대표 치즈인 하우다는 순한 맛과 부드러운 식감을 자랑하며, 숙성 기간에 따라 다채로운 풍미를 낸다. 종류에 따라 커드에 허브나 버섯 등을 첨가해 만들기도 한다.

고, 응축된 감칠맛을 즐길 수 있습니다. 또 커드에 후춧가루나 캐러웨이 씨앗 등의 허브를 넣은 것도 있고, 심지어 고가의 식재료인 송로버섯을 넣은 것도 있습니다.

캉탈 Cantal

프랑스 오베르뉴Auvergne 지방 원산의 소젖으로 만든 치즈로, 로크포르와 나란히 프랑스에서 2천 년의 역사를 자랑하는 유서 깊은 치즈입니다. '캉탈'이라는 이름은 오베르뉴 지방에 있는 동명의 현에서 유래했습니다.

맷돌처럼 울퉁불퉁한 껍질로 덮여 있고, 무게는 약 40킬로그램인 북 모양의 대형 치즈입니다. 견과류 같은 부드러운 풍미가 독특한데, 숙성 단계에 따라 풍미의 변화도 즐길 수 있습니다.

생넥테르 Saint Nectaire

캉탈과 같이 프랑스 오베르뉴 지방에서 나는 1.7킬로그램가량의 원반형 소젖 치즈로, 생넥테르라는 마을 이름에서 치즈의 이름이 유래했습니다.

생넥테르는 공장형과 농가형의 2가지가 생산되는데, 농가형은 회색이나 황색곰팡이로 덮인 소박한 모양을 하고 있습니다. 맛을 비

캉탈 / 생넥테르
프랑스 오베르뉴 지방에서 생산되는 캉탈과 생넥테르는 모두 소젖을 원유로 사용한다. 캉탈은 표면이 거칠고 크기가 큰 대형 치즈인 반면, 생넥테르는 캉탈에 비해 무게가 20분의 1 정도인 원반형 치즈이다.

교하자면, 공장형은 부드러운 식감으로 생아몬드 같은 맛과 감칠맛이 특징이고, 농가형은 이에 덧붙여 버섯 향이 나고 복잡한 풍미가 있습니다.

라클레트 뒤 발레 Raclette du Valais

하이디의 치즈로 알려진 소젖 치즈 라클레트 뒤 발레는 스위스 전 지역을 비롯해 알프스 인근 프랑스에서도 만들어지고 있는데, 스위스의 발레 주가 본고장으로 스위스의 AOC에도 인정되고 있습니다.

'라클레트'란 '깎아 내다'라는 의미로, 치즈의 단면을 불에 쬐어 녹은 부분을 깎아 내 빵에 바르고 감자 등을 끼워서 먹는다는 점에서 유래한 것으로 보입니다. 그대로 먹는 것보다 녹여서 먹는 편이 향이 두드러지고, 감자와의 궁합도 최고입니다.

매력 넘치는 영국 출신의 다양한 치즈

체더의 산지가 있는 영국에는 이 외에도 매력적인 치즈가 많이 있습니다. 그중 몇 가지를 살펴볼까요?

체셔 Cheshire

잉글랜드 북서부 웨일스Wales와의 경계에 있는 체셔 주는 《이상한 나라의 앨리스》의 작가 루이스 캐럴의 출신지로 유명하지만, 옛날부터 낙농이 번창해 영국 최고最古의 치즈로 알려진 체셔가 만들어지는 곳이기도 합니다.

체셔는 체더와 같이 반경질 타입의 치즈로, 향이 좋고 짠맛이 감도는 풍미가 특징입니다. 커드가 부슬부슬해서 부서지기 쉽지만, 대신 입안에 넣으면 촉촉하고 살살 녹습니다.

체셔를 사용한 치즈 요리로 '웰시 래빗Welsh rabbit'이 있습니다. 직역하면 '웨일스의 토끼'가 되는데, 식재료로 진짜 토끼가 들어가지는 않습니다. 버터를 약한 불에 녹인 뒤 체셔와 에일을 첨가하고 머스터드나 고춧가루, 우스터소스 등으로 맛을 낸 소스를 만들어 살짝 토스트한 빵 위에 붓고, 오븐에서 연한 갈색이 될 때까지 구워 뜨거울 때 먹는 것입니다. 위에 달걀프라이를 얹은 것은 '벅 래빗Buck rabbit'이라고 부릅니다.

그나저나 왜 '토끼'일까 하는 의문이 듭니다. 여기에는 '가난한 웨일스인이 토끼 대신에 먹었던 요리'라든가, '사냥으로 토끼를 잡지 못했을 때 안타까움을 달래기 위해 먹은 치즈 요리'라든가 하는 많은 설이 전해집니다.

벅 래빗
웰시 래빗 요리에 프라이한 달걀을 얹은 벅 래빗. 체셔 치즈를 이용해 만드는 웰시 래빗은 독특한 이름과 달리 토끼가 아닌 토스트한 빵이 주재료이다.

블루 스틸톤 Blue Stilton

　푸른곰팡이 타입에서 체더와 마찬가지로 영국을 대표하는 치즈 블루 스틸톤을 빼놓을 수는 없습니다. 프랑스의 로크포르, 이탈리아의 고르곤졸라와 함께 '세계 3대 푸른곰팡이 치즈'로 꼽히는 유명한 치즈니까요.

　원통형 모양을 하고 있는 블루 스틸톤은 직경 20센티미터, 높이 20~30센티미터가량에, 중량은 평균 8킬로그램입니다. 웨스트 컨트리 팜하우스 체더와 마찬가지로 EU에 의한 보호 제도에 의해 등록되어 있는 PDO 치즈이며, 현재 잉글랜드 중앙부의 더비셔 Derbyshire, 레스터셔 Leicestershire, 노팅엄셔 Nottinghamshire, 세 개 주에서 만들어지고 있습니다.

　치즈의 이름은 런던에서 북쪽으로 100킬로미터 부근에 있는 케임브리지셔 Cambridgeshire 주의 마을 스틸톤에서 유래했습니다. 18세기 어느 날, 이 스틸톤 마을의 한 여관에서 치즈를 먹은 신사가 자신이 저술한 여행기에서 치즈의 맛을 극찬하면서 이름이 알려져 스틸톤이라고 부르게 되었다고 합니다.

　사실 스틸톤 마을이 있는 케임브리지셔 주에서는 스틸톤이 만들어지지 않았지만, 3대 푸른곰팡이 치즈의 명성과 더불어 이 마을의 이름은 세계로 널리 알려졌습니다.

블루 스틸톤의 내부에는 푸른곰팡이가 대리석 무늬나 정맥처럼 퍼져 있고, 커드는 노란색이 섞인 상아색을 띠고 있습니다. 입에 넣으면 끈적거리는 식감의 농후한 맛이 나며, 푸른곰팡이 특유의 톡 쏘는 자극과 동시에 달콤함도 느낄 수 있습니다. 얼핏 보기에도 복잡하고 고상한 맛이라고 말할 수 있겠지요. 스틸톤 치즈에는 푸른곰팡이가 나지 않는 화이트 스틸톤도 있습니다.

블루 스틸톤은 포르투갈을 대표하는 주정 강화 와인으로 단맛이 도는 포트와인과 궁합이 좋습니다. 블루 스틸톤의 인기를 증명하듯 여느 파티장에서 쉽게 이 치즈를 발견할 수 있는데요. 특히 크리스마스 파티의 경우, 여흥으로 블루 스틸톤의 위쪽을 도려내어 안에 포트와인을 붓고 와인이 치즈 속으로 스며들면 다 같이 나눠 먹기도 합니다. 푸른곰팡이 치즈 특유의 자극적인 맛에 달달한 포트와인의 맛이 배어 훌륭한 풍미를 느낄 수 있습니다.

영국에서는 크리스마스가 되면 작은 도기나 은으로 만든 병에 블루 스틸톤이나 포트와인을 스며들게 한 블루 스틸톤을 담아 선물하기도 합니다. 여러분도 소중한 사람을 위해 풍미가 좋은 치즈를 선물해 보면 어떨까요.

블루 스틸톤
영국의 대표적인 치즈이자 세계 3대 푸른곰팡이 치즈인 블루 스틸톤은 특유의 푸른 대리석 무늬와 톡 쏘는 맛을 자랑한다.

마치는 글

 이 책에 대한 이야기를 처음 들었을 때, 저는 마침 세계 최우수 프로마주 콩쿠르의 최종 조정과 트레이닝을 위해 프랑스 리옹에 머무르는 중이었습니다. 사토유키 씨로부터 전화를 받고 '10가지 종류로 알 수 있는 세계의 치즈'라는 주제로 책을 쓰면 어떻겠느냐는 제안을 받았습니다. 무척 재밌는 기획이라고 생각해서 가능하면 협력하겠다고 그 자리에서 대답했습니다.
 치즈 콩쿠르에 참석하기 위해서 프랑스에 왔다고 하자 '꼭 우승하세요' 하고 뜻밖의 타이밍으로 응원을 받고, 이 대회에서 우승의 영광을 누릴 수 있었습니다.

 저는 현재 도쿄에서 'The Cheese Room'이라는, 치즈를 전문으로 하는 교실을 주관하고 있습니다. 치즈와 관련된 일을 하다 보니 '왜 치즈의 세계에 들어갔습니까?'라는 질문을 자주 받습니다. 생각해보면 열 살 정도부터 매일같이 푸딩, 케이크, 쿠키를 구워서 부모

님이 계시는 직장에 오후 간식으로 배달하는 일을 좋아했습니다.

어릴 때 특별한 치즈를 먹었던 기억은 없지만, 지금 와서 돌이켜 보면 고등학교 시절에 교환 유학으로 일 년 동안 머물렀던 미국 유수의 낙농지대, 위스콘신 주가 떠오릅니다.

당시 그곳에서 생활하면서 가장 놀랐던 점은 슈퍼에 진열되어 있던 큰 덩어리의 치즈들입니다. 햄버거, 프라이드 포테이토, 피자, 샐러드, 파스타에 이르기까지, 치즈를 일상적으로 듬뿍 소비하는 식문화에 놀라면서 십대의 한 해를 보냈습니다.

사회인이 되고 항공사 승무원으로 일할 때에도 치즈를 접할 기회가 있었습니다. 당시 퍼스트클래스에 치즈 조각 서비스라는 것이 있었기 때문입니다. 계절마다 변하는 치즈 메뉴를 접하는 것이 어느 사이 큰 즐거움이 되었고, 어린 시절에는 요리가 취미였다는 사실이 기억났습니다. 더욱이 와인 소믈리에 자격을 갖고 있던 터라 와인이나 치즈를 다양한 요리와 조합하거나 새롭게 먹는 방법을 찾아보는 일이 좋았습니다.

항공사를 퇴직한 후에는 마침내 치즈전문가협회의 자격을 취득했습니다. 치즈에 대해서 알면 알수록 그 전통이 지금까지 지켜져 내려온다는 사실에 커다란 매력을 느꼈습니다. 그리고 본문에서 말한 대로 치즈에 존재하는 '제철'의 매력에 완전히 홀려 버리고 말았습니다. 또한 치즈는 와인 이상으로 생산되는 지역의 색을 오롯이 담아내는 식품이며, 아이들부터 어른에 이르기까지 폭넓은 세대에서 즐길 수 있고, 그대로 먹거나 요리에 사용하거나 곁들이는 것으로 맛이 변하기도 하며, 즐기는 방법도 가지각색입니다. 그야말로 무궁무진한 세계인 것입니다.

이러한 전통적인 치즈의 매력에 여러분이 흥미를 느낄 수 있도록 이 책을 만들었습니다.

이 책을 출판하는 과정에서 항상 응원을 보내 주신 사토유키 씨, 인내심을 갖고 원고의 진행을 지켜봐 주신 일본경제신문출판사의 호리카와 미도리 씨에게 많은 도움을 받았습니다. 두 분의 세심한 편집과 따스한 격려 덕분에 무사히 책이 출간될 수 있었습니다. 진심으로 감사드립니다.

또 이 책을 집필하는 데 오노 시게토시 씨, 사카이 도쿠코 씨, 다나바시 마키 씨, 누마타 노리코 씨, 하야가와 유키 씨가 많은 도움을 주셨습니다. 치즈를 각별히 사랑하는 여러분의 따뜻한 협력에 의해 이 책이 실현되었다는 점, 또 여러분과의 인연이 치즈를 통해서 더욱 깊어질 수 있었던 점에 매우 감사하고 있습니다.

앞으로도 매력 넘치는 치즈의 세계를 여러분에게 전하고 싶습니다. 그리고 여러분의 일상에 풍요로운 치즈가 있는 즐거운 생활을 제안할 수 있으면 좋겠습니다.

맛있고 즐거운 시간을 여러분과 공유할 수 있도록,

치즈가 있는 식탁에서 웃는 얼굴을 더 많이 만날 수 있도록,

근사한 식문화를 전할 수 있도록,

앞으로도 더욱 열심히 일하겠습니다.

2013년 12월,
고마운 마음을 담아, 무라세 미유키

옮긴이의 글

스위스에서는 치즈를 숙성시키는 과정을 말할 때 아이를 양육한다고 표현한다. 그만큼 좋은 품질의 전통 치즈를 탄생시키기 위한 숙성사의 시간과 정성이 엄마가 아기를 품고 양육하는 모습과 닮았기 때문이리라.

손이나 나무망치로 치즈를 살짝 두드려 보면 치즈의 울림 소리가 들리는데, 이 울림 소리가 치즈의 숙성 정도를 알려 준다고 한다. 엄마 배 속에서 잉태된 새 생명이 어느덧 배를 발로 찰 만큼 잘 성장하고 있다는 신호를 보내는 것과 같이 치즈가 잘 익어 가고 있다는 암시인 것이다.

이 책을 번역할 즈음 나는 마침 카스피해균을 분양받아 천연 유산균 음료를 만들어 먹고 있었다. 처음 시작하게 된 계기는 늦둥이라고 할 수 있는 귀한 딸내미에게 먹일 요거트를 직접 만들어 보고 싶은 마음이었는데, 지금은 어른, 아이 할 것 없이 매일 챙겨 먹는 건강식이 되었다. 치즈 역시 남녀노소에게 사랑받는 천연 발효 식품인 것을 보면서, 이 책을 번역하는 내내 치즈 만들기에도 한번 도전해 보고 싶은 충동을 멈출 수 없었다.

사실 '치즈' 하면 평범한 식재료라고만 생각했는데, 이 책을 번역하면서 진정한 전통 치즈인 로크포르, 브리 드 모, 에멘탈 등 자연치즈의 다양한 세계를 접하게 되어, 맛있고 즐거운 시간을 음미할 수 있는 멋진 경험이었다.

끝으로 어느 치즈 전도사(《치즈와 나 The cheese and I》의 저자)의 치즈 예찬이 이 책의 내용을 훌륭하게 요약하는 것 같아 인용하며 짧은 후기를 마치겠다.

"치즈는 지리적인 특성과 자연 환경에 따라 독특한 개성과 풍미를 내는 대단히 매력적인 음식이다. 치즈는 멋진 풍경에 대한 기억을 갖고 있고, 좋은 환경에서 자란 동물들에게서 만들어지며, 생산자의 역사를 포함하고, 때로는 국가와 제국의 흥망성쇠를 이야기하기도 한다."

2014년 9월,
구혜영

10가지
대표 치즈로 알아보는
치즈의 모든 것

올어바웃 ALL ABOUT CHEESE
치즈

초판 1쇄 펴냄 2014년 10월 10일
초판 2쇄 펴냄 2015년 10월 20일

지은이 무라세 미유키
옮긴이 구혜영
펴낸이 정용수
펴낸곳 도서출판 예문사

박지원이 편집장을, 강소라가 책임편집을, 오성민이 표지와 내지 꾸밈을 맡다.

출판등록 1993. 2. 19. 제11-76호
주소 경기도 파주시 직지길 460(출판도시) 도서출판 예문사
대표전화 031-955-0550
대표팩스 031-955-0660
이메일 yms1993@chol.com
홈페이지 www.yeamoonsa.com

ISBN 978-89-274-1110-9 13590

한국어판 ⓒ 도서출판 예문사, 2014

이 도서의 국립중앙도서관 출판예정도서목록(CIP)은 서지정보유통지원시스템 홈페이지
(http://seoji.nl.go.kr)와 국가자료공동목록시스템(http://www.nl.go.kr/kolisnet)에서 이용
하실 수 있습니다. (CIP제어번호 : CIP2014027198)

책값은 뒤표지에 있습니다. 잘못된 책은 구입하신 곳에서 바꿔드립니다.